电商采购与供应链管理全案

供应商管理+成本控制+库存管理+物流管理

邱云生◎编著

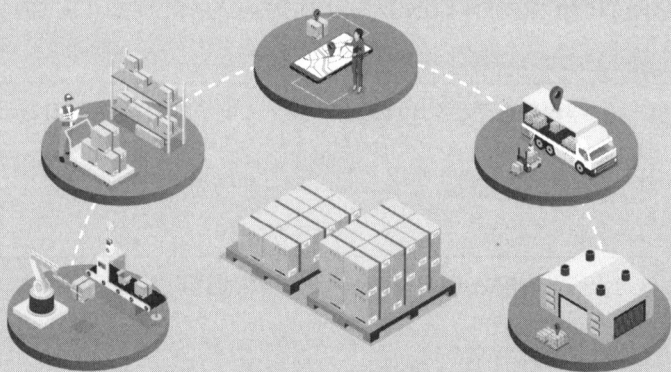

中国铁道出版社有限公司

CHINA RAILWAY PUBLISHING HOUSE CO., LTD.

北 京

图书在版编目（CIP）数据

电商采购与供应链管理全案：供应商管理+成本控制+
库存管理+物流管理/邱云生编著.—北京：中国铁道出版社
有限公司，2023.8（2025.4重印）
ISBN 978-7-113-30128-6

Ⅰ.①电… Ⅱ.①邱… Ⅲ.①电子商务 Ⅳ.①F713.36

中国国家版本馆CIP数据核字（2023）第057392号

书　　名：**电商采购与供应链管理全案**（供应商管理+成本控制+库存管理+物流管理）
　　　　　DIANSHANG CAIGOU YU GONGYINGLIAN GUANLI QUANAN（GONGYINGSHANG
　　　　　GUANLI+CHENGBEN KONGZHI+KUCUN GUANLI+WULIU GUANLI）
作　　者：邱云生

责任编辑：王　宏　　　编辑部电话：（010）51873038　　电子邮箱：17037112@qq.com
封面设计：宿　萌
责任校对：苗　丹
责任印制：赵星辰

出版发行：中国铁道出版社有限公司（100054，北京市西城区右安门西街8号）
网　　址：https://www.tdpress.com
印　　刷：河北宝昌佳彩印刷有限公司
版　　次：2023年8月第1版　2025年4月第2次印刷
开　　本：710 mm×1 000 mm　1/16　印张：13.25　字数：209千
书　　号：ISBN 978-7-113-30128-6
定　　价：69.80元

前言

　　在如今的市场经济中，电商行业的发展越来越迅速，越来越多的消费者青睐网上购物，因为省时、省事，又方便，所以很多上班族或者自由职业者选择开网店，自己当老板。

　　但是，要成为成功的电商商家并不容易，如果没有正规的采购渠道，没有专业的合同管理知识、物流及仓储管理水平，甚至没有基本的供应链管理、库存控制及成本控制等意识，刚开的店铺很可能还没有获取利润就夭折了。

　　而这些知识、管理能力对普通人来说，需要通过系统的学习才能了解并掌握，直至达到熟练运用的境界。

　　为了帮助普通人轻松学会网店管理，让他们能够更好地控制经营成本、商品库存，更精准地找到采购渠道，没有纠纷地签署电商采购合同，懂得供应链管理的大致工作内容，切实掌握提高物流与仓储管理效率的技能和办法，最终顺利地、持续地经营好自家店铺，编者编著了本书，以启发各电商商家在电商活动中的各种管理思路。

本书包括 8 章内容，具体章节内容如下：

◎ 第一部分：第 1 章

　　该部分主要介绍电商和电商采购，包括电商采购的形式、特点和优势，以及电商采购前期的选品工作，还有适合通过电商渠道销售的产品范围，让商家初步了解什么是电商。

◎ 第二部分：第 2 ~ 4 章

　　该部分主要讲解电商商家在销售商品前前端采购活动的相关工作内容，包括选品时进行的产品评估以及采购成本的管理与控制，供应商的选择、开发，绩效管理，关系维护和价格谈判，以及电商采购合同的正确签署。

◎ 第三部分：第 5 ~ 8 章

　　这一部分分别讲解电商商家需要做的供应链管理、物流管理、仓储管理以及库存控制和退换货处理等工作内容，帮助商家更好地完成售后服务工作，提高店铺信誉，为后期更好地发展奠定基础。

　　本书语言通俗易懂，从电商商家的角度讲解可能涉及的管理工作，以大量的技巧、方法、操作实务，帮助商家轻松理解店铺管理，并帮助他们顺利、有效地掌握管理技术，切实培养他们的电商管理能力。书中尽可能采用图示展现工作结构、流程，简单易学。

　　最后，希望所有读者都能从本书中学到有用的知识，并利用这些知识帮助您成为一名合格且优秀的电商商家。由于编者能力有限，对于本书内容不完善的地方，希望获得读者的指正。

编　者

2023 年 5 月

目录

第1章 电商采购的准备工作

第 2 章 进行产品评估并做好成本控制

第3章 供应商管理与电商价格谈判技巧

第4章 正确签署电商采购合同

第 6 章　物流管理是电商运营的重点

第 7 章　电子商务也要做好仓储管理

第 1 章

电商采购的准备工作

　　电商即电子商务，是指在互联网（Internet）、内部网（Intranet）和增值网（VAN）以电子交易方式进行交易活动和相关服务活动，使传统商业活动各环节电子化、网络化。电商不仅为消费者购物提供了便利，也为各商家的销售活动提供了便利。本章就先来认识什么是电商，电商采购又是怎么回事。

1.1 电商采购的入门详解

与传统经营模式相比，电商更便捷，更信息化、数据化。要想做好电商，对电商及电商采购的认识必不可少。

1.1.1 电商及电商采购

通俗地讲，电商就是供应链上的各方使用电子工具从事商务活动的总称。与传统销售方式相比，电商更偏向网络化、数字化，因此电商采购也与传统的采购方式有所不同。

（1）电商

电子商务中的"电子"是一种技术，一种手段，而"商务"才是最核心的目的，一切手段和技术都是为了达成目的而存在。电商有四个构成要素：商城、消费者、产品和物流，其中的关系包括三类：买卖、合作和服务，见表 1-1。

表 1-1　电商构成要素之间的关系

关　　系	解　　释
买卖	各大网络平台、线上商家为消费者提供质优价廉的商品，在吸引消费者购买的同时也促使更多商家入驻平台或自建网络销售平台
合作	各大网络平台、线上商家与物流公司建立合作关系，为消费者的购买行为提供最终保障
服务	电商四要素之一的"商城"为消费者提供销售服务，"物流"为消费者提供运输服务，两者结合实现再一次交易

除此以外，电商的形成与交易还离不开如下四个方面的关系：

◆ 交易平台

交易平台主要是一些第三方电子商务平台，指在电子商务活动中为交易双方或多方提供交易撮合及相关服务的信息网络系统总和，常见的有淘宝、天猫、京东、盒马鲜生及拼多多等。

◆ 平台经营者

平台经营者指的是在工商行政管理部门登记注册并领取营业执照，从事第三方交易平台运营并为交易双方提供服务的自然人、法人和其他组织。比如，淘宝的经营者为阿里巴巴集团，京东的经营者为北京京东世纪贸易有限公司等。

◆ 站内经营者

站内经营者主要是指第三方交易平台的站内经营者，是在电子商务交易平台从事交易及有关服务活动的自然人、法人和其他组织，简单来说就是各入驻商家。

◆ 支付系统

支付系统是由提供支付清算服务的中介机构和实现支付指令传送及资金清算的专业技术手段共同组成，是用来实现债权债务清偿及资金转移的一种金融安排，也可以称之为清算系统。

关于电商，其大致的发展过程如图 1-1 所示。

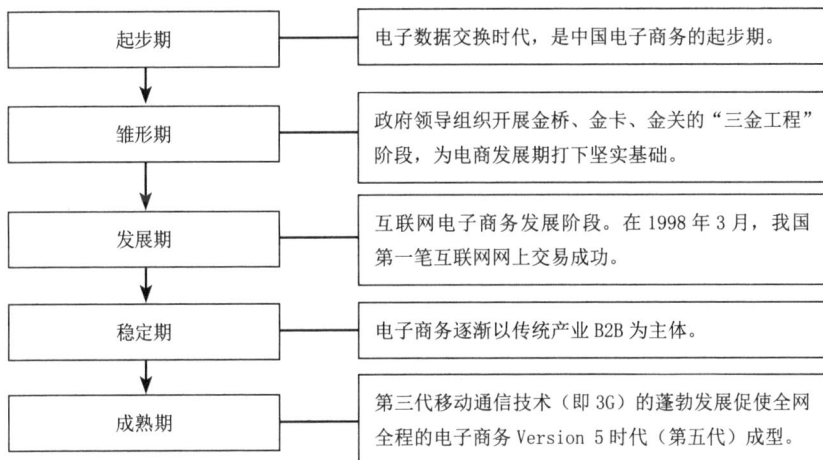

起步期	电子数据交换时代，是中国电子商务的起步期。
雏形期	政府领导组织开展金桥、金卡、金关的"三金工程"阶段，为电商发展期打下坚实基础。
发展期	互联网电子商务发展阶段。在 1998 年 3 月，我国第一笔互联网网上交易成功。
稳定期	电子商务逐渐以传统产业 B2B 为主体。
成熟期	第三代移动通信技术（即 3G）的蓬勃发展促使全网全程的电子商务 Version 5 时代（第五代）成型。

图 1-1 电商的发展过程

在我国，电商的模式有很多种，常见的有 B2B、B2C 和 C2C，另外还有 C2B、B2M 和 M2C 等模式，具体介绍见表 1-2。

表 1-2　电商的模式及简述

电商模式	简　　述
B2B	即 business-to-business，指企业与企业之间通过网络或因特网（Internet），进行数据信息的交换、传递，开展交易活动的商业模式，它将企业内部网和企业的产品及服务，通过 B2B 网站或移动客户端与客户紧密结合起来，通过网络的快速反应，为客户提供更好的服务 代表：阿里巴巴、环球资源等
B2C	即 business-to-consumer，是企业直接面向消费者销售产品和服务的商业零售模式 代表：淘宝、天猫、京东、凡客诚品等
C2C	即 consumer-to-consumer，指个人与个人之间的电子商务。比如一个消费者有一台笔记本电脑，通过网络进行交易，把它出售给另一个消费者 代表：淘宝网、拍拍网、易趣网、闲鱼等
C2B	即 consumer-to-business，指消费者到企业，其核心是以消费者为中心，先由消费者提出需求，后由生产企业按需求组织生产，它是互联网经济时代新的商业模式 代表：Priceline（一家基于 C2B 商业模式的旅游服务网站）
B2M	即 business-to-marketing，指面向市场营销的电子商务企业，它更注重网络营销市场，以建立引导客户需求为核心的站点为前提，通过线上或线下多种营销渠道对站点进行广泛推广，并对营销站点进行规范化的导购管理 代表：阿里巴巴
M2C	即 manufacturers-to-consumer，指生产厂家直接对消费者提供自己生产的产品或服务的一种商业模式，它是 B2M 的延伸，也是 B2M 电商模式中不可缺少的一个后续发展环节 代表：各种具有自己的网销平台的生产商
B2A 或 B2G	即 business-to-administration 或 business-to-government，指企业直接与行政机构之间进行的电子商务活动
C2A 或 C2G	即 consumer-to-administration 或 consumer-to-government，指消费者对行政机构的电子商务，这类电商活动还没有真正形成
O2O	即 online-to-offline，指线上到线下，将线下商务的机会与互联网结合起来，让互联网成为线下交易的前台 代表：美团网、拉手网和窝窝团等团购网站，以及同城购

除了这样细分，电商还可以根据人们熟知的方向，分成三个大类，即自营电商、平台电商和 C2M（customer to manufacturer，从消费者到生

产者）。

自营电商。 从实物流的角度看，自营电商属于实物流的一个中间环节，主要是指一些电商企业，如京东自营、京东超市、天猫超市和盒马鲜生等。在自营模式下，货品由电商企业自行采购，物权归电商企业所有，电商企业对商品有定价权，同时商品需要入电商企业的仓库，电商企业承担相应的库存管理和收发货管理。自营电商以价差为收益。图 1-2 是京东这一自营电商的各关系主体与各自要做的事情。

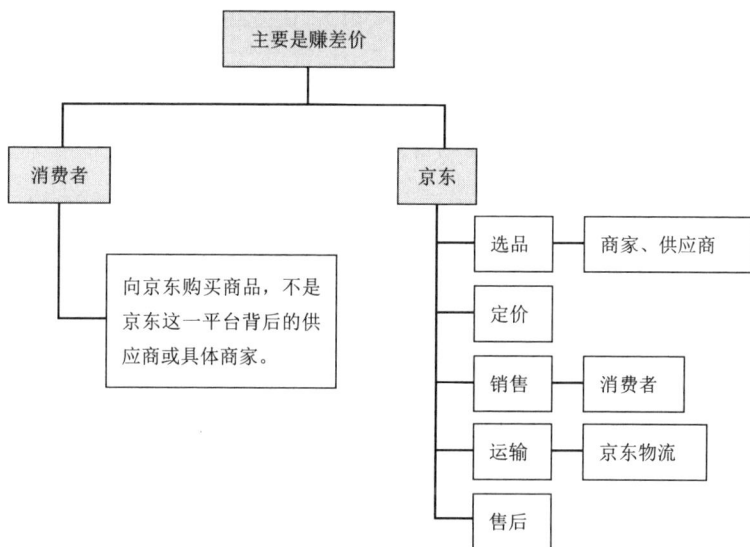

图 1-2　京东的各关系主体及要做的事情

平台电商。 平台电商模式下，平台只是各厂商的一种销售渠道，它通过向厂商、商家收取佣金和服务费来获取收入。通过平台电商，消费者向供应商购买物品，而平台电商负责提供线上平台，厂商、商家向平台交纳技术服务费。平台电商的盈利点主要是活跃商家、厂商的数量，与平台交易额没有太大关系。而且，平台电商中的平台也不负责统一采购，以及库存管理和收发货管理。图 1-3 是淘宝这一平台电商的各关系主体与负责的内容。

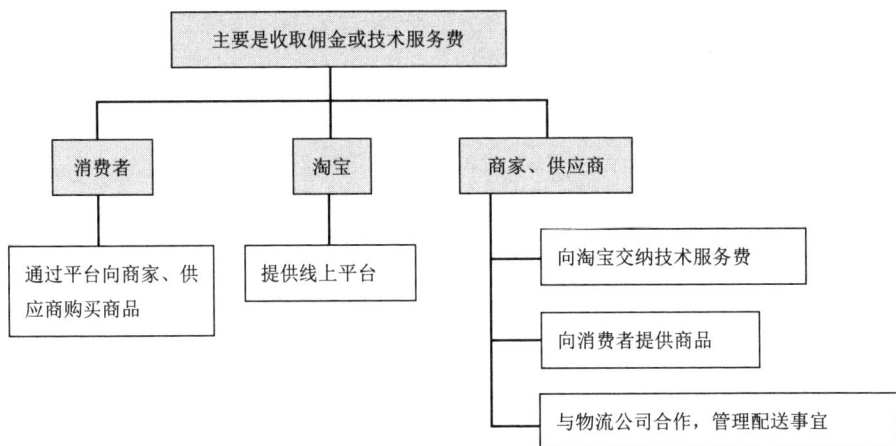

图1-3　淘宝的各关系主体及负责的内容

C2M。 C2M是表示工厂直接到消费者或大客户的一种电商模式，它省去了中间所有环节，最大化让利给商家和消费者。目前，拼多多的电商模式与此比较相似，简单理解如图1-4所示。

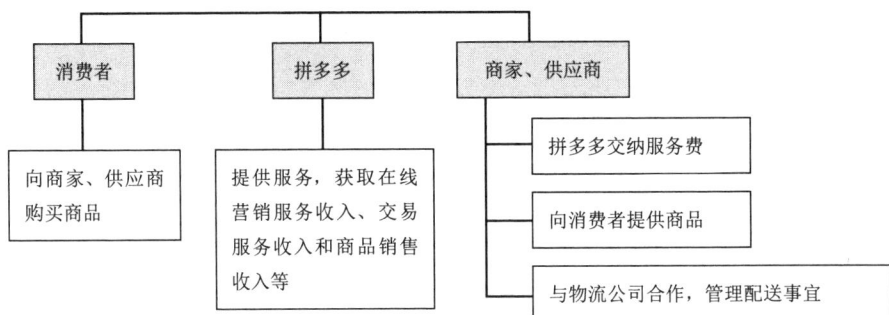

图1-4　拼多多的电商模式

> **知识扩展** *什么是直播电商*
>
> 　　直播电商是一种购物方式，在法律上属于商业广告活动，主播根据具体行为承担"广告代言人""广告发布者"或者"广告主"的责任。如果消费者在直播电商中买到假货，首先应联系销售者，即卖家承担法律责任，而主播和电商直播平台也要承担相应的连带责任。

在我国，直播电商的首创者是蘑菇街，2016年3月它在全行业率先上线视频直播功能。之后的5月，淘宝推出了淘宝直播。随后，各综合电商、跨境电商等纷纷加入直播电商的大潮。

有专家认为，电商直播增强了主播与观众的互动，并且多少人在线观看、购买产品等信息，都能让主播及时调整售货策略，想办法刺激消费者购物欲望。但是，电商直播不是用夸张的言语和戏剧效果来实现饥饿营销的，而是更强调主播与消费者的交互和共情，符合互联网时代网络用户的社交习惯。

北京大学的某位工商管理博士后认为，电商直播成功应具备4个要素：①主播，选择人设适宜、画风匹配的主播至关重要；②用户，是否具有私域流量，即主播要有忠实粉丝；③货品，直播让产品成为焦点，会极大程度地放大产品的瑕疵，商家的高效供应链和过硬的产品质量是关键；④剧本，主播、电商平台用户及货品这三者是基于特定的场景交互的，需要按照一定的剧情走，才能促成大量成交。

（2）电商采购

电商采购是在电子商务环境下的采购模式，即网上采购。自营电商和平台电商等通过建立电商交易平台，发布采购信息，或主动在网上寻找供应商和产品；然后通过网上洽谈、比价、网上竞价，实现网上订货，甚至网上支付货款；最后通过线下的物流过程进行货物配送，完成整个采购交易过程。

电商采购能充分利用现代网络的开放性、信息的多样性以及交易的快捷性和低成本性等优势，有效解决采购过程中可能出现的腐败和风险。

图1-5为电商采购的一般操作流程。

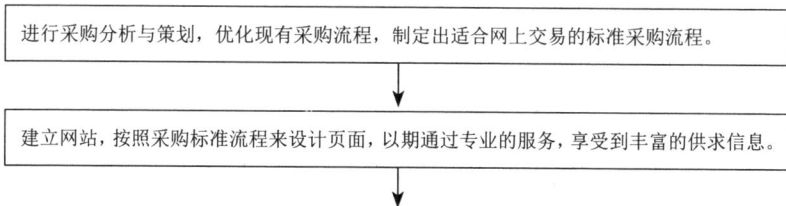

进行采购分析与策划，优化现有采购流程，制定出适合网上交易的标准采购流程。

↓

建立网站，按照采购标准流程来设计页面，以期通过专业的服务，享受到丰富的供求信息。

↓

图1-5 电商采购的一般操作流程

采购单位通过互联网发布采购信息，详细说明对物料的要求，包括质量、数量、时间、地点及对供应商的资质要求等。或者通过搜索引擎主动寻找供应商。

↓

供应商登录采购单位的网站，进行网上资料填写与报价。

↓

对供应商进行初步筛选，收集投标书或进行贸易洽谈。

↓

网上评标，由程序按设定的标准进行自动选择，或由评标小组进行分析评比选择。

↓

在网上公布中标单位和价格，如有必要，还可对供应商进行实地考察，接着签订采购合同。

↓

实施采购，中标单位按采购订单运输交付货物，采购单位交付货款，处理善后事宜。

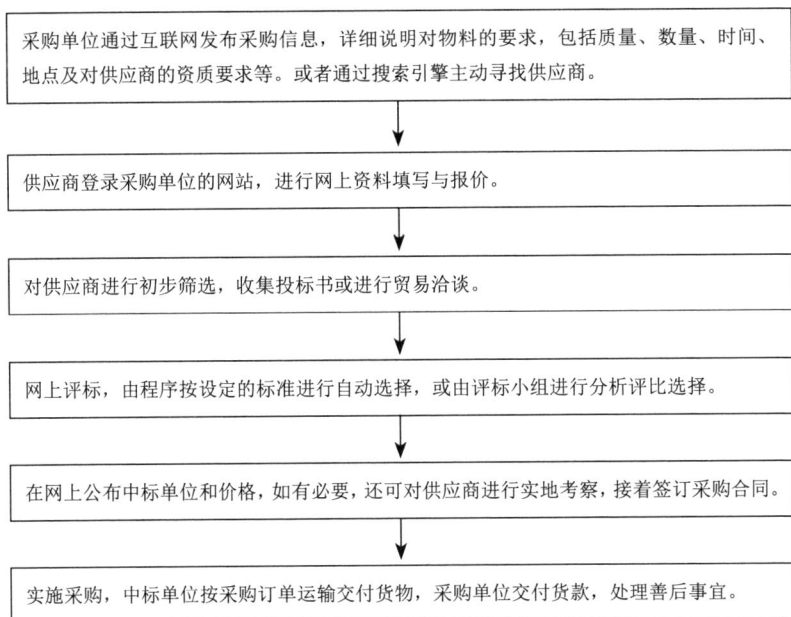

图 1-5 电商采购的一般操作流程（续）

电商采购主要依赖电子商务技术的发展和物流技术的提高，它是一种非常有发展潜力的采购模式，不仅可以降低采购成本，还能有效提高采购效率。

除此以外，电商采购依赖人们思想观念和管理理念的改变，商家要充分认识电商采购带来的好处以及优势，利用好电商采购这一采购方式，提高电商活动的效率。

1.1.2 电商的八大功能

要深入了解什么是电商，大家还可以从其功能入手。电商主要有八大功能：

◆ *广告宣传*

参与电商活动的自然人、法人以及其他组织，可凭借企业的 Web（World Wide Web）服务器和客户浏览，在 Internet 上发播各类商业信息；客户借助网上检索工具能够迅速找到所需要的商品信息；商家则可以利用网页和电子邮件在全球范围内进行广告宣传。电商的这一功能，使广告成本更低廉，同时给予顾客的信息量也十分丰富。

◆ 咨询洽谈

电商活动参与者可借助非实时的电子邮件、新闻等了解市场和商品信息，洽谈交易事务，如果有进一步的需求，还可利用白板会议来交流即时的图形信息，这一功能使得买卖双方之间的咨询与洽谈工作突破了面对面洽谈的限制。

◆ 网上订购

电商可借助 Web 中的邮件交互传送，实现网上订购操作。商家通常在产品介绍页面提供订购提示信息和交互通道；客户填写好订购单后，系统会回复确认信息，以保证收悉订购信息。而且，有些订购信息还可以通过 Web 进行加密设置，使商家和客户的商业信息不被泄露。

◆ 网上支付

在电商活动中，要想交易真正完成，网上支付是关键环节。商家与客户之间通过网络和支付结算系统进行支付，在网上直接采用电子支付手段，可以省略交易中很多人员以及环节的开销。

◆ 电子账户

电商的网上支付功能必须要有电子账户做支撑，即银行或信用卡公司、保险公司等提供金融服务的单位要提供网上操作的服务，因此，电商也具有电子账户这一功能。

◆ 服务传递

服务传递实际上是对电商活动所提供服务的延续，对于已经付款的客户，应将其订购的货物尽快传递到他们手中，电商可以通过网络进行物流调配，从而达到服务传递目的。

◆ 意见征询

通过电商，商家可以借助网页上的"选择"以及"填写"等命令来收集客户、消费者对销售服务的反馈意见，使商家能直接获取客户与消费者的用后感受，从而促使商家提高后期的销售服务水平。

◆ 交易管理

在整个交易过程中，需要对人、财、物等多个方面进行管理，包括企业与企业之间、企业与客户或消费者之间，以及企业内部等各个方面的协调和管理工作，通过电商活动，这些管理工作可连成一条闭合的回路，使管理更快速、便捷。

1.1.3 电商采购有哪些形式

由于电商的模式有很多，所以电商采购的形式也比较多样化，而根据不同的划分依据，电商采购有多种类型，见表 1-3。

表 1-3　电商采购的类型

划分依据	类 型	类型说明
按利用计算机网络的程度分类	完全网上采购	即完全通过网上电商采购完成采购的全部活动，除运输配送外
	网上和网下结合采购	即在网上完成部分采购活动，如发布采购消息、招标公告等，而其他活动如采购谈判、供应商调查和交易支付等在网下进行
按采购主体分类	自己网上采购	即企业、商家自己建立网站，进行电商采购活动
	代理网上采购	即企业、商家不自己建立网站，而利用其他网站进行电商采购
按网上采购的方式分类	网上查询采购	由商家自己登录供货网站，在网上寻找供应商和所需要的产品，进行网上采购
	网上招标采购	即商家自己在网上发布招标公告，由供应商主动投标，进行网上采购

由此可见，电商采购并不是完完全全在网上进行采购活动各环节的操作，即使是完全网上采购这一电商采购方式，其中的运输配送环节也需要在线下进行。

1.2 做好电商行业的市场调研

在进入电商行业前，各企业、商家需要对电商行业的市场情况进行必要且细致的调研，这样才能保证企业、商家有经营下去的动力和目标。

1.2.1 对网购者进行需求分析

企业、商家要想在电商行业立足，就需要牢牢抓住网购者的消费需求，因此对网购者的需求分析必不可少，毕竟电商行业的主要消费群体就是网购者。那么，对网购者进行需求分析，主要从哪些方面入手呢？

◆ 商品类别

大多数消费者网购会较为谨慎，因此对网购的商品类型存在或多或少的偏好。比如消费者喜欢在网上购买衣物、书籍以及饰品等不需要过度重视商品质量且易于运输的商品，而对一些存在明显保质期的食品类以及大件家具、家电等不易于运输的商品，就会减少网购的可能性。

所以，如果商家本身并不是很知名的品牌，甚至连品牌都没有形成，则在选购待售商品时就要慎重考虑商品类别，以免采购的商品销路不好，影响收益，甚至导致商家破产，无法经营下去。

◆ 售后服务

消费者对所购商品的售后服务往往也有一定的要求，如果电商商家提供的售后服务不能满足消费者的需求，则网购者不太可能选择商家的产品。比如，大多数消费者都希望获得包邮服务，或者收到货7天无理由退换货等，如果商家不提供包邮服务，或者不提供7天无理由退换货，则消费者就会选择从其他商家处购买相同或相似的产品。

◆ 消费者对各因素的重视程度

网购商品质量、其他买家的点评、商品的造型和款式、卖家的信誉度、卖家的服务态度、商品的价格、卖家的售后服务、卖家的发货速度、卖家的销量以及是否是品牌商家等，这些因素对每个消费者来说，受重视的程度会有不同。商家需要调查大多数消费者最关心的因素，按照消费者的重视程度，由大到小排列各因素，这样就能使商家在开展电商活动时，有侧重地关注重要因素，尽可能地吸引并留住顾客。

◆ 消费者的商品搜索情况

平台电商要有目的、有针对性地丰富平台上销售的产品，这就需要对消费者在平台中搜索过的商品进行分析，了解消费者的潜在需求，在判断有销售市场后，就可采购相应产品，或者邀请经营相应产品的商家入驻平台。

◆ 消费者在网购和实体购物中对同一因素的重视程度

电商商家通过对比消费者针对同一因素，在网购和实体购物两个渠道中的重视程度，就可以知道消费者在网购过程中更注重的因素是什么，从而使商家能精准把握管理要点和重点。

比如，相较于实体购物，消费者在网购时对商品质量的重视程度会更低，但为了保证自己所购商品不出现较大的问题，就会对商家的信誉、其他买家的评价以及售后服务等更重视。

鉴于此，电商商家或平台就要特别注重售后服务，提高各买家对店铺或平台的认可度，同时注意买家评价的管理。

◆ 商品优惠力度

网购者在消费时，总希望商家或电商平台能给予一定的优惠，但并不是只要有优惠就能吸引消费者购买商品。因此，商家或平台要分析网购者对于优惠力度的偏好，看他们是更喜欢优惠券的方式，还是更喜欢现金抵扣红包的方式，又或者喜欢打折优惠等；是满减优惠券更受欢迎，还是入会成为会员享受优惠更受欢迎等。电商平台或者商家的销量，很大程度上也受到优惠力度的影响。

除此以外，电商商家还可以从网购者的购物集中时间段、购物价格区间等方面去进行需求分析。

1.2.2　进行电商平台发展情况调查

作为需要入驻电商平台的商家，除了要对网购者进行需求分析，还要对电商平台的发展情况进行详细调查，因为运营不利的电商平台，也会影响入驻商家的经营情况。而作为电商平台，也要对自身的发展情况进行研究、预测。不管是商家还是电商平台，都可以从下面几个方向入手进行发展情况调查：

（1）电商平台用户规模

电商平台的用户规模很大，可以在一定程度上反映电商平台的发展能力较强，可以吸引商家入驻平台；也可以侧面反映电商平台经营策略优秀，所以才会有越来越多的商家愿意入驻平台。

比如，阿里巴巴集团生态体系中的核心商业平台——天猫，是品牌的首选合作伙伴，品牌和零售商以独特的品牌形象、界面外观来运营自己的天猫旗舰店，并全面掌控品牌推广和商品营销。根据阿里巴巴集团 2021 年年度财政报告可知，截至 2021 年 3 月 31 日，已有超过 250 000 个品牌和商家入驻天猫，包括 2020 年福布斯全球品牌价值 100 强中消费类目超过 80% 的品牌。

另外，不断扩大的电商平台用户规模，也能反映电商行业在不断发展，这对商家是否进入电商行业的决策有一定的参考意义。

（2）电商平台网络口碑

网络口碑是网民通过论坛、博客和视频分享等网络渠道，与其他网民共同分享的关于公司、产品或服务的文字及各类多媒体信息。为什么商家和电商平台需要对平台的网络口碑进行调查研究呢？这主要因为网络口碑会影响人们的认知、情感、期望、感知、态度、行为意向和实际行为，从而影响电商平台的运营管理效果。

电商平台口碑的好坏，直接影响平台用户量，从而影响成交额。正面的网络口碑，能够提升口碑接收者的购买意愿，降低消费者的购买风险，同时也可以降低平台、商家以及消费者等多方的信息获取成本。反之，负面的网络口碑，会降低口碑接收者的购买意愿，同时也会增加电商平台和商家的运营管理成本。

需要特别注意的是，正面或负面的网络口碑都会影响消费者的购买决策，但负面的网络口碑对消费者使用产品和服务以及品牌评价的影响更大，因为消费者认为负面信息比正面或中性信息更诚实、可靠，所以购物时更倾向于寻找其他买家对产品和服务的负面评论。因此，负面的网络口碑承载的信息量更多，传播人群更广，影响力更大。

所以电商平台或者商家通常都会注重评论，尽可能让消费者满意，从而获得较好的网络口碑。

商家可以调查电商平台的网络口碑，借此选择口碑好的电商平台入驻经营；而平台对自己及其他电商平台进行网络口碑调查，可以了解自身的口碑好坏情况，也可以对比竞争对手的口碑，进一步提升自己的运营管理水平。

（3）电商平台的物流服务

网购是电商行业中消费者最主要的购买方式，因此，物流服务的好坏直接影响平台口碑，甚至会影响平台的经营业绩。对于商家来说，是否要入驻电商平台，入驻哪一个电商平台等是最重要的问题，解决这些问题时必然需要考虑平台的物流服务。

比如，京东自营是一种自营电商，平台通过选品（即选商家），向商家采购商品，在京东上销售，京东负责物流管理，这对商家来说就可以省去物流管理的麻烦。淘宝网是一种平台电商，所有商家通过向淘宝支付佣金和服务费，自行在平台上销售产品，并由商家自己与物流公司合作，管理物流业务，此时商家就需要耗费一定的精力在物流管理上。

很显然，想要省事的商家，可能更倾向于选择京东自营的电商模式。想要亲力亲为，保证自家口碑的商家，可能更倾向于选择淘宝等平台电商。

总的来说，商家要从长远角度出发，考虑进入电商行业是否能获益，并对电商平台的实力进行分析、把控；电商平台要想发展得更好，也需要对自身及竞争对手进行平台实力分析、研究。

1.2.3　分析竞争者并找到市场切入点

随着电商的蓬勃发展，电商商家甚至电商平台之间的竞争日益激烈，电商商家和电商平台要想找到市场的切入点，必须要对竞争对手进行详细的分析。

◆　分析竞争对手的网站、店铺内容

电商商家在分析竞争对手的网站或店铺内容时，可以从以下两点入手：

①看网站内容或者店铺及商品详情页的内容是否与自身网站或店铺及商品详情页雷同。

②把竞争对手的内容网址放进搜索引擎中进行搜索，看是否被搜索引擎收录，如果收录，看被收录的网页是否有排名，以及被排名的网页占网站内容总数的多少。

通过这些措施，电商商家就可以知道竞争对手平台或商家的内容质量在什么水平。如果收录数量较多，且很多都在比较靠前的排名上，就能在一定程度上说明平台或商家的网站、店铺等的内容设计做得很好，从另一个方面来说，这样的竞争对手很难被超越。

如果发现竞争对手的内容很新颖，而电商行业中还很少有类似的产品或服务出现，那么这样的内容就不失为一个有效的市场切入点。如果竞争对手的内容排名靠前，且当前市场还处于不断发展阶段，还未达到饱和状态，则也可以将该内容或者与之相似的内容作为电商切入点。

◆　分析竞争对手的链接情况

分析竞争对手的链接情况，主要从其内链和外链两方面着手。

针对内链，主要是用工具检测竞争对手网站或者商家店铺、产品详情页等的内部链接情况，看是否有死链，如果有，就可能对网站、店铺、产品的权重和排名造成不利影响。

知识扩展 *什么是死链*

死链是指服务器的地址已经发生改变，无法找到当前地址的位置。死链包括协议死链和内容死链两种形式，协议死链是指页面的 TCP 协议状态 /HTTP 协议状态明确表示的死链，如常见的 404、403 和 503 状态等；内容死链指服务器返回状态是正常的，但内容已经变更为不存在、已删除或需要权限等与原内容无关的信息页面。死链出现的原因主要有网站服务器设置错误、某文件夹名称修改和路径错误链接变成死链等。

对于外链，可以看竞争对手的外链有多少，他们做外链的网站权重有多高。

电商商家可以通过了解竞争对手在链接处理方面的不足，来完善自身平台或店铺链接的设置与优化处理，也能发现其他一些市场切入点。

◆ 分析竞争对手的用户体验

网站内容和商家店铺内容都是给用户看的，网站和店铺链接也都是供用户购物使用的，因此用户体验尤其重要。

电商商家可以从竞争对手的用户体验中，找寻电商行业的市场切入点。比如，在竞争对手的用户体验中，类似于"这个产品还没有某某产品效果好""这个产品的某某功效还不如某某产品的功效"等评价，就可以进一步找到消费者更关注、更在意的产品性能或更有发展潜力的产品。

另外，平台或商家在分析竞争对手时，要区分清楚行业对手和直接竞争对手。

1.2.4 通过大数据掌握电商行业发展动向

无论是打算和正在进入电商行业的新手，还是电商行业的老手操作新品或新店，都有必要分析行业数据，以此了解电商行业的整体环境，避免盲目操作，给平台、店铺带来重大经济损失。

那么，电商平台或电商商家可以从大数据的哪些方面掌握电商行业发展动向呢？

①所经营类目的行业趋势和淡旺季的节点情况。

②电商平台经营类目下的 Top 单店铺以及 Top 单品的基本数据统计，或者电商商家经营类目下的 Top 单品的基本数据统计。

③商家选择的产品类目的市场空间有多大。

④在同一类目下，与自己的产品货源最接近的直接竞争对手的数据统计情况。

⑤所经营类目及具体产品的行业市场价格情况。

⑥对所经营类目下的买家（消费者）、卖家（平台、商家等）以及搜索人群进行的属性分析。

⑦对所经营类目下的一级关键词和二级关键词的数据统计。

⑧所经营类目的流量高峰时段及热卖地区的统计情况。

电商平台和商家知道要从哪些大数据入手掌握行业发展动向之后，还需要知道哪些工具可用于采集并分析数据，见表1-4。

表1-4 可用于采集、分析数据的工具

工 具	说 明
生意参谋	生意参谋最早是应用在阿里巴巴B2B市场的数据工具，在2013年10月才正式走进淘系。2014—2015年，在原有的规划基础上，生意参谋分别整合量子恒道、数据魔方，最终升级成为阿里巴巴商家端统一数据产品平台。生意参谋系统下的流量纵横、竞争情报及市场行情建议等功能，在采集并分析大数据方面都是很实用的
生意经	生意经即淘数据，是一个专门为淘宝卖家提供数据查询、数据分析的平台，拥有全面的数据分析体系，为电商卖家提供个性化数据定制服务，以及直通车选词、店铺诊断和宝贝排名等工具，它隶属于杭州麦家科技有限公司，与Wish数据和eBay数据都是该公司为电商卖家提供的电商数据分析工具
店侦探	店侦探也是一款专门为淘宝及天猫卖家提供方便有效的数据查询、数据分析的卖家工具，通过对各个店铺、宝贝运用数据分析、技术分析进行深度挖掘，掌控竞争对手店铺的销售数据引流手段、广告投放、活动推广和买家购买行为，帮助卖家深度了解行业数据，给卖家的营销策略提供可靠持续的数据支持
看店宝	看店宝也是一款收集并分析电商数据的工具，通过分析淘宝、天猫宝贝的公开页面信息，可以查询任意淘宝或天猫店铺的有关数据，获知店铺结构，还可以查看店铺经营分析、宝贝分析、评价分析等信息，也可以下载数据
京东商智	京东商智是京东面向商家的一站式运营数据开放平台，可以洞察实时数据，如实时商品明细、实时成交转化等；可以深度解析流量明细；可以全面分析商品的表现情况，如流量、销量、关注、加购、评价、单品流量来源和客户画像等；可以深度挖掘交易转化情况；可以多维度解读行业态势，跟踪Top商家运营进展，洞察行业客户的消费需求；可以全程跟踪竞争对手

续上表

工　具	说　明
多多情报通	多多情报通是拼多多店铺数据分析工具，从开店到选款，从店铺运营到爆款打造，多多情报通用于各种数据收集与分析，从不同的阶段出发，提供不同的数据运营服务，如图1-6所示
多多有数	多多有数是店透视旗下的一款数据产品，提供多维度的数据产品服务，助力拼多多商家实现数据化运营，主要涉及市场、竞争和活动三大核心板块，在其工作台中，可以查看数据大屏，如榜单大盘、竞争商品和竞争店铺等，商家在使用时还可自行添加数据大屏

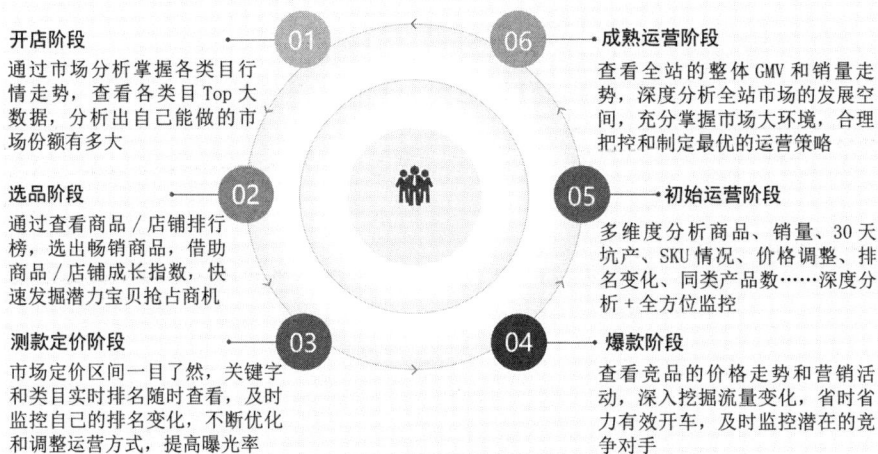

开店阶段
通过市场分析掌握各类目行情走势，查看各类目 Top 大数据，分析出自己能做的市场份额有多大

选品阶段
通过查看商品／店铺排行榜，选出畅销商品，借助商品／店铺成长指数，快速发掘潜力宝贝抢占商机

测款定价阶段
市场定价区间一目了然，关键字和类目实时排名随时查看，及时监控自己的排名变化，不断优化和调整运营方式，提高曝光率

成熟运营阶段
查看全站的整体 GMV 和销量走势，深度分析全站市场的发展空间，充分掌握市场大环境，合理把控和制定最优的运营策略

初始运营阶段
多维度分析商品、销量、30 天坑产、SKU 情况、价格调整、排名变化、同类产品数……深度分析＋全方位监控

爆款阶段
查看竞品的价格走势和营销活动，深入挖掘流量变化，省时省力有效开车，及时监控潜在的竞争对手

图 1-6　多多情报通不同阶段提供的不同数据运营服务

不同电商平台上的商家，适用的数据分析工具不同，商家们要学会选择并运用。

1.3　电商销售选品很重要

对于消费者来说，网购无法用肉眼看见实物，因此，电商销售的关键还是产品本身，从另一个角度看，电商销售的选品工作对于商家来说就非常重要。商家经营产品符合大众需求，或者独具创意，就能有效地吸引消费者驻足并产生购买欲。

1.3.1 制订采购计划

采购计划是企业管理人员在了解市场供求情况，认识企业生产经营活动和掌握物料规律的基础上，对计划期内物料采购管理活动所做的预见性的安排和部署。无论是传统采购活动，还是电商采购，采购计划的制订必不可少，它有助于自营电商和电商商家有效规避风险，减少损失，以取得极佳的经济效益。

一般来说，如果商家有销售预测或计划，加上人为判断，即可拟订销售计划或目标，再通过销售计划或目标制订采购计划。

采购计划的制订，可以从三个方面考虑：

①根据当前销售情况进行统计分析，拟出本期应该进货的品种、名称、型号、规格和数量。

②参照库存量，库存多的可以少采购；如果资金充裕，可以适当地多采购一些销量突出的产品。

③根据当前市场行情，对采购计划进行适当调整。

制订采购计划就是决定商品采购额的计划，关键点有如下两个：

①每月或每季度应准备的商品系列及库存额的确定。

②在确定的库存额范围内，制订备齐商品的计划。

制订采购计划的大致步骤如图1-7所示。

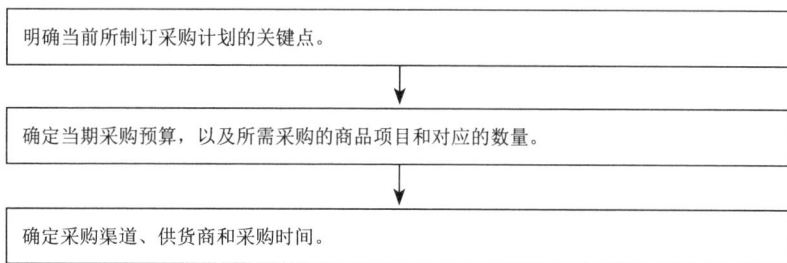

图1-7 电商商家制订采购计划的步骤

商家在制订采购计划时，必然需要确定采购预算，要以采购预算作为采购行为的指导和目标。比如，某电商商家一年的销售目标为200.00万元，平均利润率为15%，期末计划的库存额为50.00万元，而期初的库存额为 30.00 万元，则全年的采购预算就为：200.00×（1−15%）+50.00−30.00=190.00 万元。该计算结果的得来可以这样看：假设全年采购预算为 x，全年采购预算加上期初库存额，减去当期销售目标，就为期末库存额，即 "x+30.00−200.00×（1−15%）=50.00"，变换该公式就为 "x=200.00×（1−15%）+50.00−30.00"。

确定采购预算后，平台或商家就需要根据所经营的各类目的往期销售情况或市场需求，确定需要采购的商品项目及其数量。采购什么样的商品项目，是在对收集的有关市场信息进行分析研究后确定的，除了要借助过去选择商品项目的经验，还要考虑市场流行趋势、新产品情况和季节因素等，更要注意主力商品和辅助商品的合理安排。

在确定商品采购数量时要非常谨慎，因为采购商品过多，可能造成商品积压，增加商家的保管费用，且资金被长期占用，会影响资金的周转和利用率；但如果采购商品过少，又不能满足顾客的需求，商家可能脱销，失去最佳的销售机会。而如果想要采取多次采购、一次少量的方式进行采购，也会增加采购成本。为了解决这些矛盾，平台或商家可以借助经济订货批量来确定商品采购数量。

自营电商平台或电商商家在确定了采购商品的具体项目、品种及数量后，还要确定从哪里采购，什么时间采购，以保证不会发生缺货事故。注意，某些商品具有一定的采购季节，适时采购不仅更容易获取商品，而且价格通常也会更便宜，过早购入可能延长商品的储存时间，导致资金积压；过晚购入可能导致商品错过最佳销售时间段，降低获利空间。

商家或平台在制订采购计划时，计划书的内容少不了采购的基本要求和采购目标，如商品质量标准、数量要求、价格标准、货源要求以及交货时间要求等；如果还涉及谈判，则采购计划书中还需要明确谈判前的准备工作、谈判中的注意事项以及谈判后的总结工作。

1.3.2　借助试销反应选品

从字面意思理解，试销即试着销售、尝试销售，在实际工作中，表现为在产品全面上市前选择某一区域市场进行测试，以估计产品未来的销售情形。

商家通过分析试销反应来看市场消费者对试销产品的需求情况，从而确定是否正式经营该产品。

对于电商平台和电商商家来说，开展试销活动类似于正常销售商品，只不过销售的范围或者时间有限。那么，试销究竟有哪些作用呢？

①通过试销，电商平台和商家可以了解市场行情，收集市场信息，掌握消费者对商品性能、质量、销售价格、销售方式和销售服务等方面的评价，及时做出后期是否正式推出试销产品的决定。

②有助于平台和商家科学地选品，选择最佳的目标市场。

③通过试销，平台和商家都可以降低不利因素带来的经济损失，从而降低选品的成本。

④有助于促进消费者的购买行为，为选品增加成功的概率。

平台和商家要做好试销工作，保证试销达到预期的效果，就需要了解影响试销的各种因素，见表 1-5。

表 1-5　影响试销的因素

因　素	说　明
销售人员态度	由于试销存在一定的空间和时间限制，且试销的"试"总会给销售人员一种"只是测试而非正常销售"的错觉，很难得到激励，因此就影响试销效果
零售商的支持	试销产品如果没有得到零售商的支持和配合，则试销效果也将大打折扣，无法反映消费者对试销产品的真实需求，试销的意义就会丧失
竞争对手	竞争对手对待试销的态度，也会影响试销效果。比如，竞争对手重视商家或平台试销的产品，从而形成良性竞争，就能促进市场真实反映消费者对试销产品的态度
地域差异	某一种产品在不同的地区进行试销，反响可能不同。比如羽绒服，在四季如春的地方，其市场就会比北方地区更小
数据分析精确度	平台和商家通过试销收集市场数据，在进行数据分析时，有可能出错，甚至没有选取合适的分析样本，导致分析结果不客观，无法反映准确的市场需求
产品本身	产品本身的性能、质量、外观以及颜色等，不符合大众审美和物质需求，试销效果就可能很差

电商平台和商家不仅要通过了解影响试销效果的因素来做好试销工作，还要知晓试销的优缺点，防止盲目看待试销。试销的优缺点如下：

◆ 优点

平台或商家通过试销产品，可以为后期正式大规模推出商品提供保障，为选品做好准备；也可以帮助平台或商家及时了解消费者类型、态度，了解自己与竞争对手的产品差异，帮助平台或商家修正目标市场；还可以在试销过程中及时发现试销产品的缺陷，从而避免后期正式投放市场后遭受重大经济损失。

◆ 缺点

试销终究不是后续的正常销售业务，所以试销的成功也并不意味着后期产品的销售就一定成功，如果不成功，代表平台或商家选品失误；试销也需要消耗一定的资源，产生一定的费用，这些都可以归结为选品的成本，如果试销支出的成本没有控制得当，则选品成本就会相应提高；试销活动会给竞争对手提供发现自己销售计划的机会，甚至还有对手会省去他们自己的试销环节，通过参考我们的试销结果来辅助他们选品，这样，竞争对手在选品成本方面就会比我们更有优势。

总之，试销是典型的从消费者需求角度进行选品的手段。

1.3.3 明确哪些产品不适合电商渠道销售

虽然电商为市场中的众多商家提供了更多销售机会，但并不是所有产品都适合通过电商渠道进行销售，为了避免盲目开展电商经营，平台和商家就需要明确哪些产品不适合电商渠道销售。不适合电商渠道销售的产品有以下几种：

◆ 不易运输的产品

不易运输的产品不适合通过电商渠道销售，因为电商行业在运营过程中，消费者购买的商品可能会经历较长距离的运输，很容易在途中发生损坏，此时平台或商家不仅要向消费者进行赔付，还会花费更多精力处理重发货或者补发货的事情，尤其是一些价格高昂且易碎的产品，更容易在运输途中发生损毁，导致商家承担双倍损失。

◆ 复购率低的产品

复购率即重复购买率，该指标能在一定程度上反映平台或商家的客户忠诚度。

复购率低，一方面可能是平台或商家经营的产品本身性价比得不到消费者的认可；另一方面可能是市场对该产品的需求确实较小。由于复购率低，所以平台或商家不太可能通过这样的产品实现长期获利，再加上电商销售渠道中平台和商家大多数都需要自行承担运费支出，因此对平台或商家来说是不利的，长此以往，很可能无法继续经营该产品。

◆ 易燃易爆易腐蚀的产品

易燃易爆易腐蚀的产品都有危险性，通常快递不支持运输，因此无法完成平台、商家与消费者之间的整个购买与销售过程；而且，即使快递支持运输，由于易燃易爆易腐蚀的产品对运输条件的要求十分苛刻，涉及的运输费用也会很昂贵，很多平台和商家不愿意自行承担，同样的，消费者也会因为运费太贵而放弃网购。

◆ 有竞争壁垒的产品

竞争壁垒是指企业在市场竞争中，基于自身的资源与市场环境约束，构建的有效针对竞争对手的竞争门槛，也就是说，如果有竞争壁垒，就说明竞争者之间有竞争门槛，一旦平台与平台之间，或者商家与商家之间无法达到竞争门槛的标准，则产品很难突出，也就很难实现收益。比如，一些大型的电商公司垄断了有竞争壁垒的产品，使得一些中小型电商公司很难在销量上有所突破。

相比之下，零食、生活日用品、服装、鞋帽、化妆品、移动通信配件及一些虚拟商品，如话费充值等，就比较适合电商销售这一渠道。

1.3.4 借鉴主流电商平台的选品手法

新手电商商家，或者刚发展起来的电商平台，要想快速且准确地抓住市场机会，可以借鉴主流电商平台的选品手法，这样比较保险。那么，主流电商平台的选品手法究竟有哪些呢？有如下几种：

（1）风格与款式大众化

风格与款式大众化，可有效扩大销售范围，尽可能满足更多消费者的购买需求。比如，越来越多的服装商家为消费者提供通勤款的服装，这样可以降低消费者的身材限制，使服装适合大多数人的穿着需求。

风格与款式大众化并不是说风格与款式尽量简单，而是要求风格与款式尽可能满足大多数人的喜好及欣赏水平。

（2）价格合理

很多消费者选择在网上购物，很大程度上是因为网购产品的价格比同产品线下价格便宜不少。所以，如果电商平台或商家所选的产品价格偏高，一旦上架销售，可能无法吸引消费者购买产品。

通常，产品价格低于买家的预期，就能更好地吸引消费者购买产品；反之，产品价格高于买家的预期，就很可能劝退消费者。由于平台和商家上架销售产品的价格会受其采购价格的影响，因此，选品时就要选择价格合理的产品，这样在上架销售时才能有效保证价格不至于过高。

（3）产品图片视觉效果好

在电商活动中，平台或商家销售的产品无法让消费者看见实物形态，只能通过产品图片向消费者展示，因此平台或商家的选品工作，也包括选择合适的产品图片。

产品图片视觉效果的好坏，会直接影响消费者对产品的外观感受，是决定其是否购买产品的重要因素。产品图片清晰，明暗处理得当，颜色搭配赏心悦目，会增加消费者的购买欲望。而产品图片模糊，画面过于昏暗，颜色搭配不符合大众审美，则很容易劝退消费者。

（4）质量有保障

无论是电商销售还是传统销售，产品质量一直都是底气。平台和商家在选品时，一定要保证产品质量，如果产品质量差，会引起消费者不满，从而失去回头客，也会给平台或商家带去信誉危机，有时还会遭受经济损失，得不偿失，尤其是电商活动中，如果发生退换货，除了要在网上进行相应的退换货申请，还需要消费者将已收到的货物寄回给商家或电商平台，这样会使消费者感觉麻烦，产生烦躁心理，也会影响店铺声誉。

所以，选品一定要注重产品质量。另外，质量有保障的另一方面是要求产品出现质量问题时，能及时联系到厂家或供应商进行退换货处理，以提高消费者的购物体验。

（5）一条龙服务式选品

这里的一条龙服务式选品是指把具有内在关联性的产品及服务最大限度地整合起来，形成完整的服务链。平台和商家通过这样的选品方式选品，不仅可以丰富自身的经营产品，还能无形中扩大消费者的消费需求，更重要的是能让平台和商家轻松完成选品工作。

比如，服装经营商家，在销售服装产品的同时，还可以在店铺中上架一些鞋帽和简单服装配饰，使得在本店购物的消费者可以在同一家店完整购买一身行头。

1.3.5 商家可以通过哪些渠道找寻电商好货源

对于大型的电商平台来说，其货源主要是一线工厂。直接从工厂拿货，不仅可以保质保量，还能享受批量订货的优惠，这对平台来说是方便而实惠的。那么，电商商家又会通过怎样的渠道寻找好货源呢？具体渠道有以下几种：

（1）从工厂拿货

即使是电商采购，但产品的最终来源依然是生产商，即各类生产性企业和工厂。无论是电商平台还是商家，直接从工厂拿货，可以享受出厂价，有效降低采购成本，同时产品质量也有直接保障，货源齐全。

但是，直接从工厂拿货对于商家来说有一个明显的缺点，即量大。工厂出货一般要量大才行，但普通的自营商家资金有限，可能无法达到工厂的出货标准。

（2）与工厂合作生产

一些实力较强的电商平台和电商企业，会选择与工厂合作生产货源，这样自己也能控制产品质量，同时也能更好地控制发货速度，还能与工厂保持长期的密切合作关系。

这种情况下，电商平台或企业在接受消费者订单后，可以直接从工厂发货，减少一些物流环节，会让消费者更快收到所购产品，这样一来，电商企业和平台还能有效实现零积压、零库存。

但是，如果平台或电商企业接受的订单数量较少，此时工厂可能不愿意为此单独占用生产线，因为成本太高。

（3）采购品牌积压的库存

很多品牌在销售过程中都会有产品积压，形成库存，而为了降低储存成本，以及产品的贬值损失，就会以比原价优惠很多的价格出售，此时电商平台或商家就可以采购这些品牌积压的存货，这样不但成本低，而且可以借助一定的品牌效应促进销售。

既然是品牌货，质量通常不会有太大问题，也会给平台和商家选品工作减少不必要的考量。

同时，品牌货本身就拥有一批忠实顾客，这也可以为平台和商家提前确定目标消费群体，使他们不必发愁打不开销路。

（4）B2B 平台进货

电商平台、企业以及商家还可以通过 B2B 平台寻找电商货源，只不过此时供货商可能是工厂，也可能是经销商、代理商或者分销商等商家。

B2B 平台主要针对的是电商企业，企业通过 B2B 平台进货，属于线上寻找货源，可有效减少实地寻找货源的麻烦与曲折，降低采购成本。

电商公司可以在网上寻找并联系供货商，等确定货源后，直接将产品卖给拍下订单的消费者，整个过程都是线上操作，方便、快捷。

目前我国 B2B 平台主要有阿里巴巴 1688 采购批发网、中国制造网、制造交易网及商虎等。不同行业有各自专门的采购批发网站，平台、企业和商家可以根据自身情况选择使用。

第 2 章

进行产品评估并做好成本控制

对于电商商家、平台和企业来说，他们为了使所经营产品在更大范围内满足消费者的需求，增加销售收入，同时控制成本，提高利润空间，就很有必要对所选产品进行评估分析，做好成本控制，使采购、物流等综合成本尽可能降低。

2.1 做好产品评估保证市场销售

本章将从电商商家的角度，介绍产品评估与成本控制。产品评估实际上是在选品时进行的，通过评估产品的优缺点，了解产品在同类产品中是否有优势，从而准确地选出具有销售前景的产品。

2.1.1 产品销售是否存在淡旺季之分

很显然，与没有淡旺季之分的产品相比，有销售淡旺季之分的产品其销量会有明显的变化，通常旺季销量高、价格上涨、收入高，淡季销量低、价格下降、收入低，但也有旺季价格下降、销量高，淡季价格上涨、销量低的情况，如蔬菜。

（1）无淡旺季之分的产品

没有淡旺季之分的产品，以一年为单位，各季度、各月之间的销量会比较均衡，选品时没有太多讲究，但需要考虑产品是否能在相应的节假日进行售卖。如果无法对应相关节假日，则这类无淡旺季之分的产品很难突破销量瓶颈，也无法创造高收益。

如果选择的无淡旺季之分的产品能够对应相关节假日，如情人节、端午节以及双十一等，就可以借助节假日消费者的消费欲望开展促销活动，从而提高销量，增加收入。

（2）有淡旺季之分的产品

有淡旺季之分的产品，其在某个季节或季度销量会比一般情况下有所增加，给商家创造更多收益带来可能。比如防晒类护肤品，在夏季的销量比其他3个季节明显增多；羽绒服在冬季的销量会比其他3个季节多很多；空调和冰箱在夏季和冬季的销量会比春秋季销量高等。

由此可知，有淡旺季之分的产品有一个旺季和两个旺季之分。很显然，有两个旺季的产品会比只有一个旺季的产品具备更高的达到高销售的可能性。但是由于空调、冰箱相对于护肤品、衣服，其耐用性更高，因此在一个年度内的销售范围会存在一定的限制。

如果有淡旺季之分的产品还能在旺季与相应的节假日重合，则不管是销售量,还是店铺名气,都可以有明显的提升。比如销售旺季在冬季的产品,会与双十一、双十二这样的特别日子重叠,如果商家开展促销活动,销售效果会非常可观。

但是要注意,商家销售有淡旺季之分的产品也存在一些风险,比如:

◆ 盲目采购导致过时无法售出

旺季时盲目采购大量季节性产品,到旺季销售活动结束后产品没有售完,此时剩下的产品就需要打折出售,或者储存到第二年出售,甚至因为款式、颜色等过时而一直售不出去。

◆ 打击经营积极性导致销售不力

当商家已经知道自己经营的产品有淡旺季之分时,在淡季就可能懈怠销售工作,认为反正是淡季,也没有冲业绩的必要,使商家积极经营的兴致大打折扣,本来可以再提高一些销售业绩,结果业绩总是一般。

◆ 淡季采购不力导致缺货

与旺季相反,在淡季商家很可能盲目地少采购产品,但市场中消费者的消费需求是难以精准把控的,所以淡季时采购不力,很可能导致订单量增大时无货可卖。

评估产品是否存在淡旺季之分,主要目的是为制定后期销售策略提供依据,同时,也可以为企业规划采购成本、采购数量等提供依据,避免产品积压或断货。

2.1.2 分清产品上架的主要作用

对电商商家来说,各种产品上架销售,其作用有所区别,不同作用下所选择的产品很可能是不同的。在电商行业,产品上架销售的作用主要有三种:一是主打销售,二是引流,三是促销。

(1)主打销售

商家推出的主打款,大多是为了给自家店铺赢得更多利润的产品。

作为主打销售的产品,其目标消费群体应该是一类特定的人群,且产品可以长期维持消费者流量。比如店铺会长期上架销售的某款式的衣服、鞋帽或者常规规格的家用电器等。

那么，在选择发挥主打销售作用的产品时，商家需要考虑的因素有如下几点：

①产品要有比较大的利润空间。

②产品要符合大多数消费者的喜好。

③产品要有明显的卖点，如价格便宜、耐用、款式新颖等。

一般将用来做主打销售的产品称为主打款，主打款上架后，商家也不能什么事情都不做，要使其真正发挥主打的作用，就需要配以醒目的广告。

（2）引流

电商行业，流量非常重要，无论是进入店铺的人数，还是复购人数，又或者是浏览却不下单的人数等，对商家来说都能用作数据分析，然后以分析结果为依据改变销售策略。

如何增加进入店铺浏览商品的消费者，如何增加浏览商品后可以下单购买的消费者，如何增加下单后能实际付款的消费者等，这些都要借助引流这一手段。

引流的手法有很多，通过产品也能达到引流目的。用于为店铺引流的产品通常称之为引流款，引流款一般也是商家的主推产品，也是大部分消费者都能接受的产品，换句话说，这类产品的目标消费群体也是很宽泛的。

商家在选择发挥引流作用的产品时，需要符合的条件大致如下：

①产品的转化率要高。

②价格在同类商品中有竞争优势。

③没有地区限制。

④要有突出的优点或卖点，如功能强大、使用方便等。

知识扩展 *电商行业的转化率*

在电商行业，转化率通常是指购买转化率。消费者从通过搜索使产品曝光，到点击查看产品详情，再到下单购买，最后付款成交，每一环节都存在转化的问题。

流量要能实现转化，才能发挥其引流的作用。针对这样的转化过程，流量从搜索量→浏览量（查看量）→下单量→付款量，实现流量转化，而引流就是要将消费者带入"搜索量"这一最初的流量环节。

（3）促销

商家为了扩大自己的知名度，尽可能地打开市场，会在适当的时间开展促销活动，但并不是所有产品都适合做促销。

促销是通过薄利多销的手段，扩大产品的市场占有率，同时也提高消费者的复购率，还有比较特殊的促销目的是售出滞销款或过时产品，减少产品滞销的损失。

那么，适合作为促销款的产品需要具备哪些特点呢？主要有以下几个特点：

①可以获得大众喜爱。

②价格要有竞争优势。

③过季的产品和滞销品。

④盈利空间本身有限且长期销量低迷。

促销也能很好地提高商家的购买转化率，为商家带来可观的资金流。

2.1.3 从尺寸和重量出发使包邮也有利润可图

电商行业中，产品的大小和重量会直接影响物流成本，在采购环节影响采购成本，在销售环节影响销售成本。尺寸较大的产品，单件包装成本会更高；重量较重的产品，对包装和运输条件的要求更苛刻，相应地也会增加包装成本及运输成本。

对于提供包邮服务的商家来说，一旦包装成本和运输成本过高，就会拉低销售利润，长此以往，商家的经营发展空间会受到抑制。所以，在选品时，商家也要考虑所购产品的尺寸和重量，使产品在后期销售时的包装成本和运输成本尽可能低，以便自己在提供包邮服务的同时也有利润可赚。

那么，商家选品时如何考量尺寸和重量以使后期销售时包邮也有可观利润呢？主要做好以下几点：

①没有找到实惠的快递公司合作时，尽可能不经营易变质的食物和生鲜，如水果、蔬菜、蛋糕、冰激凌、酸奶和鱼虾等。

②经营尺寸较小，同时适合一单多量销售的产品。

③经营重量较轻的产品，易变质的食物和生鲜等需要比较严苛的运输条件的除外。

④经营尺寸大或者重量重的产品，但同时这些产品利润空间大。

对于产品尺寸与重量的考究，商家也不能单纯地按照上述这些规则进行，实际经营时要结合多种因素，核算包装与运输成本，从而确定选择的产品的尺寸大小与重量大小。

2.1.4 产品从入库到售出所需的周转时间

产品的周转时间是影响商家回收资金速度的重要因素。周转时间短、速度快，资金回收速度就快，商家也能更好地利用资金做好店铺经营工作；反之，周转时间长、速度慢，资金回收速度就慢，资金长时间被占用，就可能影响商家的下一步经营计划，甚至还会使商家错过最佳销售期。

因此，为了保证能快速收回资金，商家在选品时应尽量选择从入库到售出所需周转时间较短的产品。

简单理解，产品从入库到售出所需的时间表示如下：

产品周转时间 = 采购时间 + 入库时间 + 储存时间 + 下单付款到确认收货的时间 + 确认收货到第三方平台向商家划款的时间

从上述计算公式可知，采购时间受到供应商供货能力的影响，入库时间受到物流快慢的影响，储存时间受到消费者购买意愿的影响，下单付款到确认收货的时间也受到消费者影响，确认收货到第三方平台向商家划款的时间受到第三方平台关于划款时间规定的影响。

这样一来，商家就很难把控产品周转时间，为了更方便自行确定产品周转时间，商家可以借助财务上的存货周转率公式。

库存产品周转率 = 产品销售成本 ÷ 平均库存数额

平均库存数额 = （期初库存数额 + 期末库存数额）÷ 2

库存产品周转天数 =360÷库存产品周转率

这里的库存数额以库存产品的入账价值计算，在某种程度上等于采购成本。而销售成本包括产品本身的价值以及为了销售产品而发生的其他销售费用。

从该公式表达的意思可以看出，它实际上只包括了储存时间、下单付款到确认收货的时间以及确认收货到第三方平台向商家划款的时间，没有包括采购时间和入库时间，但因为电商行业采购时间和入库时间通常较短，所以实际确定产品周转时间时，可以大致估计。

实操范例 核算经营产品的周转时间

某电商商家经营一家服装店。以某电商平台为统计范围，2021 年初同类服装库存平均数额共有 928.98 万元，年末同类服装库存平均数额共867.42 万元。已知该类服装一整年的销售成本约 7 005.96 万元，假设该类服装平均采购时间为一天，入库时间可忽略不计，简单计算该类服装的周转率。

服装的平均库存数额 =（928.98+867.42）÷2=898.20（万元）

服装的库存周转率 =7 005.96÷898.20=7.8（次）

库存服装的周转天数 =360÷7.8=46.15（天）

服装的周转时间 =46.15+1=47.15（天）

从案例计算结果可知，该类服装的周转时间大概为 47 ~ 48 天，即一个半月。

商家用此方法来确定所选产品的周转时间，可更好地选择满足自身对资金回收速度要求的产品。

2.1.5 产品是否能进行预售

预售即预先销售，在电商行业中，预售操作比比皆是。如果产品能达到预售条件，商家就可以享受预售带来的各种好处。

◆ 提前锁定消费者购买力

商家开展产品预售活动时，实际上是从消费者的角度出发确定采购量。在预售活动中，商家通过统计下单量，再安排发货。并且，预售活动中，消费者如果退订单，就可能损失预付的部分货款；但如果是全款支付，则只需等待商家发货，在发货前退订，也能收到商家返还的全额货款。

但很多时候，消费者愿意在预售活动中支付款项购买产品，就是愿意等待商品在特定时间发货的，因此，就为商家提前锁定了消费者的购买力。

◆ 降低采购成本

因为预售方式下，商家是按照消费者的下单情况来安排发货甚至采购的，所以可以为商家省去很多在采购环节不必要的成本，如储存成本。

◆ 缓解资金压力并解决供应问题

对商家来说，采取预售方式，在有消费者下单时才安排销售出货，能克服先存货再售货可能发生的缺货问题。同时，由于预售方式下商家无须提前储存产品，因此不会早早地就将资金投入到产品上，也就为商家缓解了资金周转的压力。

◆ 达到预热引流或新品推广的目的

当商家推出新产品，或者在节假日到来之前，采取预售方式不仅可以让消费者尽早了解新产品的情况，还能为商家在节假日的销售活动进行预热，达到引流目的，提前将消费者的购买力"圈"在自家店铺中。

除此以外，一些有季节属性的产品，在销售季节到来之前进行预售，可以有效控制产品的发货时间，使产品最大限度地保持新鲜度。

由此可见，产品如果能实现预售，就能提前占据市场优势，为增加销量做好铺垫。比如，能够预售的产品 A，在双十一这一天（11 月 11 日）到来之前就可以开始售卖产品，这比只有在双十一当天才能上架出售的产品 B 争取了很多出货时间，甚至有可能将原本是 B 产品的目标消费者群体变为 A 产品的购买者，这样就会直接影响 B 产品在双十一期间的销售情况，而 A 产品也因预售就占据了先机。

但预售方式也不是完美无缺的，最大的限制就是商家的发货速度。如果发货速度较慢，很可能使消费者退货，所以，要用好预售这一销售方式，必须要保证自己的产品供给速度快。

2.1.6　分析产品可能存在的滞销原因

不同电商平台，或者不同电商企业、商家，对滞销商品的定义不同。

比如某电商平台，规定 90 天无成交、无浏览、无编辑的商品就可以定义为滞销商品，需要做下架处理。下架的商品在编辑后仍可上架，如果滞销商品下架 90 天还未编辑或重新上架，则商品将移至历史商品库，即历史宝贝记录。

为了尽可能地防止产品滞销，商家需要了解可能导致产品滞销的原因，具体有以下几点：

（1）价格因素

价格因素引起的产品滞销，存在两个方面，一是价格低廉而滞销；二是价格昂贵而滞销。

比如，所选的商品价格过低，再加上无法看见商品实物，让消费者（网购者）怀疑商品的质量，导致销量不佳，甚至滞销。又或者所选商品价格过高，超过了普通消费者的消费水平，消费者选择购买其他相似的、价格更便宜的商品，导致商品滞销。

此时，商家需要对所选商品进行价值评估，结合市场行情，确定合适的价格。

（2）季节因素

有些商品存在明显的季节性，由于季节末期没有对商品进行特殊处理，或者没有及时出货，导致商品的在库时间高于规定的储存时间，发生滞销。但因为现在很多消费者会按照"反季节"原则购物，所以季节性因素导致的滞销现象比较少见，除非款式、颜色等过时。

有明显季节性的商品，商家需要合理规划每个季度的预计销量，并在季度结束前的一段时间内，想办法快速减少库存。当然，如果商家经营过程中不需要囤货，则季节性因素对店铺经营的影响非常小。

（3）功能因素

商家选择的产品，其功能无法满足消费者对产品效用的要求，或者消费者认为产品的功能价值低于产品的价格，所以不愿意购买，从而导致产品滞销。

如果是因为功能无法满足消费者的需求，则说明商家在最初选品时没有做好产品评估，没有考察清楚市场，没有抓住消费者的心理、爱好。

所以要避免因商品功能问题引起滞销，商家就需要在选品时了解消费者对产品功能的需求。

（4）囤货因素

一些新手商家很可能因为缺乏选品经验而在没有经过数据分析的情况下盲目囤货并上架销售，这样就可能导致存货过多而无法在规定时间内售出完毕，产品后期不被市场接受，沦为滞销品。

因此，无论是新手商家还是有经验的商家，都要在选品时做好市场数据分析，适当进货、囤货。

（5）商品更新换代因素

如果商家经营的商品更新换代的速度非常快，商品的周转期明显长于其更新换代期，则商品就很容易滞销。

比如电子产品手机，更新换代速度较快，而且很多消费者喜欢追逐最新款，因此，其滞销的可能较大。但因为市场中不同的消费者对手机功能的要求不同，因此，也给手机提供了缓解滞销压力的可能。

总的来说，商家经营的商品发生滞销，除了客观的市场变化原因，很大程度上都是商家在对产品进行评估时出现了失误，由此可见，电商行业中商家选品工作的重要性。

2.2　电商采购成本的管理与控制

电商行业中，各商家所经营商品都涉及采购成本，除了一些直接与工厂合作的商家和不需要自己提供商品的商家，因此，商家需要做好采购成本的管理与控制工作，才能获得更可观的利润。

2.2.1　了解电商采购成本的构成

商家进购产品，其采购成本包括产品本身的买价、相关税费、运输费、装卸费、保险费以及其他可以归属于产品采购成本的费用。除了这些，电商采购成本还包括一些看不见的成本，如订单处理成本、产品滞销成本以及缺货成本等。

（1）看得见的成本

在采购成本中，看得见的成本见表2-1。

表2-1 电商采购中看得见的成本

成本项目	说　明
购买价款	购买价款是采购的产品本身的价格，如单价为80.00元（不含增值税）的衣服购进100件，则购买价款为8 000.00元
相关税费	相关税费是指电商采购过程中，因为购进商品而需要支付的税费，主要是指增值税。如单价为80.00元（不含增值税）的衣服购进100件，发票注明增值税税率13%，则增值税税额为1 040.00元（8 000.00×13%）
快递成本	即运输费，如某电商商家采购货物时，向运输公司支付1 000.00元运输费，这1 000.00元就是商家的快递成本
装卸成本	如果商家采购的是大件货物，则可能涉及装卸费支出，这也是商家的采购成本
仓储费用	如果商家有自己的仓库用于储存库存商品，则还会发生仓储费用，也归属于采购成本
保险费支出	商家在采购产品时，为了保证产品价值不受损害，有时也会为所购产品购买财产保险，保险费支出也算是采购成本的一部分
通信成本	电商采购活动中，免不了要通过电子设备与供应商或厂家联系、沟通，发生的通信费支出也可计入采购成本中
运营成本	运营成本主要包括采购计划制订、采购方案编制和采购管理等方面的成本，这些运营工作涉及招待费用、办公费用和差旅费等，也可以大致归类到电商采购成本中

（2）看不见的成本

电商采购活动中，还有一些成本存在但无法用货币计量，简单介绍见表2-2。

表 2-2　电商采购中无法计量的成本

成本项目	说　明
订单处理成本	电商商家在处理订单过程中，会耗费时间，因此订单处理成本通常指时间成本
产品滞销成本	商家经营的产品积压过多而发生滞销，与产品售出相比，资金被占用，无法用作其他投资活动，减少商家获利机会
缺货成本	缺货成本指商家货源不足，商家有意愿购买产品，但供应商却迟迟无法供货，期间浪费的产品周转时间就是一种隐性成本

2.2.2　科学设定采购数量

为了更好地控制采购成本，为自己增加利润空间，商家需要科学设定采购数量，对此，商家可以借助经济订货量这一概念来确定采购数量。

经济订货量是指一定时期储存成本与订货成本总和最低的采购批量。通常来说，储存成本和订货成本与订货量之间具有相反的关系，订货量越大，商家储存的商品就越多，会使储存成本上升，但同时，由于订货次数减少，总订货成本会随之降低；反之，降低订货批量能降低储存成本，但同时会使订货次数增多，订货成本又会上升。两种成本的关系如图 2-1 所示。

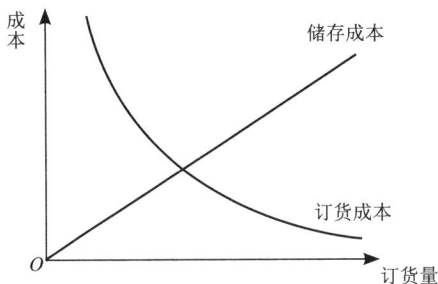

图 2-1　订货成本与储存成本的关系图

需要注意的是，商家在使用这一模型时，要进行一些假设，比如：

①商家能及时补充存货，即在有采购需求时能立即购得足够存货。

②所订购的全部产品能一次到位，无须陆续入库。

③没有缺货成本。

④没有固定订货成本和固定储存成本。

⑤商家的需求量稳定且能准确预测。

⑥产品供应稳定且单价不变。

⑦商家现金充足，不会因为现金短缺而影响进货。

在上述假设的基础上，令 A 表示全年需求量，Q 表示每批订货量，C 表示每批订货成本，S 表示每件商品的年储存成本，则：

订购批数 $=A\div Q$

平均库存量 $=Q\div 2$

订货成本 $=C\times（A\div Q）$

储存成本 $=S\times（Q\div 2）$

总成本 $=C\times（A\div Q）+S\times（Q\div 2）$

在上述公式中，令总成本为 0，可得到关于每批订货量 Q 及其他相关计算公式，即：

Q（经济订货量）$=\sqrt{2AC\div S}$

经济批数 $=\sqrt{AS\div 2C}$

总成本 $=\sqrt{2ACS}$

下面通过一个实例来学习经济订货量的确定。

实操范例 确定店铺的经济订货量

某电商商家全年需要运动鞋 6 000 双，每次采购的成本为 3 000.00 元，每双运动鞋的年储存成本为 100.00 元，计算该商家的经济订货量。

分析，全年需求量 A 为 6 000 双，每批订货成本 C 为 3 000.00 元，每双运动鞋的年储存成本 S 为 100.00 元，则：

经济订货量 $=\sqrt{2\times 6\,000\times 3\,000.00\div 100.00}=600$（双）

经济批数 $=\sqrt{6\,000\times 100.00\div（2\times 3\,000.00）}=10$（批）

总成本 $=\sqrt{2\times 6\,000\times 3\,000.00\times 100.00}=60\,000.00$（元）

由案例结果可知该电商商家每一批次的经济订货量为 600 双运动鞋，这样可以使得全年储存成本和订货成本之和最低，为 60 000.00 元。

当然，如果遇到节假日和特殊的购物节，商家需要在经济订货量的基础上，根据实际情况，适当增加采购数量。

如果商家的采购工作不能达到一次到位的条件，或者存在固定订货成本和固定储存成本，又或者所经营产品的采购单价经常改变，都不适用于前述计算模型，需采用其他方法来科学地确定采购数量。

2.2.3　以利润目标为导向控制采购成本

就算是电商商家，其经营目的也是获取利润，争取更长远的发展。利润的获得主要依靠销售收入，同时也取决于采购成本的高低，因此，商家可以以利润目标为指导，控制采购成本。

以利润目标为导向控制采购成本，其思路如下：

①商家先设定好自己的收入与利润水平。

②然后根据销售价格预测销量。

③再根据预测销量和实际库存量预测采购数量。

④最后根据预测的采购数量、期末应留存的产品数量以及已知的采购单价，确定采购成本。

实操范例 以预期应达到的利润水平指导确定采购成本

某电商商家经营一家服装店，计划在 2023 年 11 月实现 1.20 万元的利润，已知每件衣服的平均利润为 60.00 元，1 月末衣服库存量共 300 件，同时要保证 5 月末衣服库存量达到 200 件，采购时每件衣服的平均单价为 130.00 元。计算该商家 5 月应规划多少采购成本。

①确定预测销量：

预测销量 =12 000.00÷60=200（件）

②确定当月采购量：

采购数量 =200+200-300=100（件）

③确定采购成本：

采购成本 =100×130.00=13 000.00（元）

以利润目标为导向确定采购成本时，商家可事先将利润水平固定，虽然这样的确定方式简单易行，但对采购量的把握并不十分精准，遇到销售淡季时容易积压产品，而遇到销售旺季时又容易使商家断货而丢失盈利的机会，所以，实际经营时应视情况而定，灵活调整采购数量，控制采购成本。

2.2.4 尽可能进行集中采购

集中采购，指采购中将采购目录内的货物、工程或服务集中进行采购。目录内属于通用的采购项目，一般委托集中采购机构代理采购，即集中采购机构采购；属于本部门、本系统有特殊要求的项目，应实行部门集中采购。这是集中采购的两种形式。

根据办事流程的不同，集中采购又可以分为以下类型：

①集中定价、分开采购。

②集中订货、分开收货付款。

③集中订货、分开收货、集中付款。

④集中采购后调拨。

对于商家来说，集中定价、分开采购很难实现，因为商家经营的产品种类通常较多，集中定价不太现实，且分开采购很可能消耗过多的采购费用，无法达到控制采购成本的目的。

如果是集中订货、分开收货付款，可以理解为商家将需要采购的产品统一在一个时间点采购，即集中订货，然后分别收取各供货商发出的产品并付款，这样就可以节省分批订货的麻烦，从而节省采购成本。

商家如果要采用集中订货、分开收货、集中付款，基本上就只能在一家供货商处购得所有需要的商品，这样有可能节省采购费用。否则，集中向多个供货商购货，各供货商分开发货，再由商家统一时间付款，这样的方式很难实现，因为不同的供应商规定的付款时间可能不同。

集中采购后调拨主要适用于有分店的商家，因为如果商家只有一个店铺，就不存在采购后调拨。集中采购后调拨实际上属于集中定价、集中订货、集中收货、集中付款、统一调拨。

总之，电商商家采取的集中采购，主要体现为时间上的集中，即在某一时点统一采购所需的产品。

集中采购可以减少单独采购的费用，并且，能从"量大"的角度为商家争取最优惠的产品价格，从而降低采购成本。

2.2.5　提高存货周转率降低采购成本

这里的存货周转率是指电商商家在一定时期营业成本与平均存货余额的比率，它用来反映存货的周转速度，同时衡量存货的流动性和存货资金占用量是否合理。

结合财务知识，存货周转率的计算公式如下：

存货周转率（次）＝营业成本 ÷ 存货平均余额

存货平均余额＝（期初存货余额＋期末存货余额）÷2

存货周转天数 ＝360÷存货周转率

从上述计算公式可知，在营业成本一定的情况下，要想提高存货周转率，就需要减少存货平均余额，换句话说，就是要尽可能多地售出库存商品。同理，在存货平均余额一定的情况下，即每期库存商品的售出数量基本保持一致，此时要想提高存货周转率，就需要增加营业成本，但实际经营过程中，营业成本增加，就可能导致利润减少，不是明智的方法。

因此，最好的办法就是要提高库存商品的出售率。

实操范例 提高存货周转率控制采购成本

某电商商家 2021 年全年营业成本为 180.00 万元，当年年初库存商品余额为 45.00 万元，年末库存商品余额为 55.00 万元，计算其存货周转率。假设全年共售出库存商品价值为 120.00 万元。

当年采购商品的价值 ＝55.00+120.00-45.00=130.00（万元）

存货平均余额 ＝（45.00+55.00）÷2=50.00（万元）

存货周转率 ＝180.00÷50.00=3.6（次）

存货周转天数 ＝360÷3.6=100（天）

也就是说，该商家在一年时间里，库存商品可以周转 3.6 次，平均周转一次需要 100 天。

如果采取积极的方法提高存货周转率至 4 次，期初库存商品余额、当年售出商品价值以及全年营业成本都保持不变，那么，相关数据信息计算结果如下：

存货平均余额 =180.00÷4=45.00（万元）

年末库存商品余额 =45.00×2-45.00=45.00（万元）

当年采购商品的价值 =45.00+120.00-45.00=120.00（万元）

此时采购商品价值 120.00 万元小于 130.00 万元，所以，在相同的销售水平下，提高商家的存货周转率，可以降低采购成本。

假设控制该商家的采购成本 130.00 万元不变，提高存货周转率至 4 次，那么：

存货平均余额 =180.00÷4=45.00（万元）

年末库存商品余额 =45.00×2-45.00=45.00（万元）

当年售出库存商品价值 =45.00+130.00-45.00=130.00（万元）

当年售出库存商品价值 130.00 万元，大于 120.00 万元，所以在相同的采购水平下，提高存货周转率还能提高销售收入，从而提高利润。

2.2.6 发展长期、稳定合作的供应商

实际上，无论是电商商家，还是传统的零售商，能够发展长期、稳定合作关系的供应商都是对经营事业的助益。为什么呢？下面就来看看发展长期、稳定合作的供应商的好处。

（1）节约时间成本

如果商家能与某个或者某些供应商发展为长期、稳定的合作关系，则后期经营过程中，就不需要再花大量时间去寻找新的供应商，节约下来的时间成本可以积极开展销售工作，提高店铺销量和销售额；而且，与供应商保持长期、稳定合作关系，就可以省去不断与新供应商的磨合时间。

（2）节约运营成本

商家与供应商发展长期、稳定的合作关系，能够减少采购计划的制订工作，节约人力、物力和财力，且双方能够凭借前期的合作达成一定的

默契，从而减少运营过程中不必要的消耗，节约运营成本。

（3）可有效利用手头的资金

与供应商发展长期、稳定的合作关系，商家就可以在资金周转不灵时请求供应商延长付款时间，这样商家既能避免承受太大的资金压力，有时也可适当利用稳定的合作关系，尽可能延长信用期，将手里的资金用作更紧急的事情。

（4）防止发生缺货现象

如果商家与供应商有长期、稳定的合作关系，根据以往的合作情况，商家可以摸清楚供应商的供货能力水平，供应商能够摸清商家的产品需求水平，这样，供应商可能事先为商家准备好货源，而商家也可以在合适的时间向供应商请求出货，在采购环节，商家就能很大程度避免货源不足甚至断货、缺货的风险。

那么，商家要从哪些方面积极促成与供应商的长期、稳定合作呢？主要有以下几点：

◆ 财务激励

商家在与供应商发展关系的过程中，采购价格的合理制定、月结方式的合理运用等，都可以用来激励双方发展为长期、稳定的合作关系。

◆ 订单激励

商家在向供货商采购产品时，可以适当地对供货商进行订单激励，但不能过度，过度容易给商家自身带来经营风险。

◆ 淘汰激励

商家要在与供应商合作的过程中，不断发现供应商的缺点，一旦发现供应商的供货缺点会给自身经营带来严重影响，就要适时结束合作关系。当然，如果商家有意与供应商继续合作，可以帮助供应商解决其供货缺点。

◆ 信息激励

在电商行业，商家可以直接接触到市场中的消费者，这是供应商没法比的优势。商家可以利用这一优势，向供应商提供信息激励，也就是将自身通过销售活动获取的市场数据与重要信息，与供应商分享，使得供应商可以有针对性地生产产品，或者有针对性地进货并供货。

◆ 完善供应商关系的评价体系

各电商商家要对与自己合作的供应商进行关系评价，及时发现供应商的经营问题，如无竞争力、双方没有共同的价值观等，然后采取积极措施改善并维护好双方的合作关系。

2.2.7 选择合适的电商采购方式

本书第1章1.1.3节内容已经讲述了电商采购的大致形式，包括完全网上采购、网上和网下结合采购、自己网上采购、代理网上采购、网上查询采购以及网上招标采购等。不同的电商采购方式适用于不同的情形，简单介绍见表2-3。

表2-3 不同的电商采购方式适用的情形

采购方式	适用情形
完全网上采购	由于完全网上采购是除了运输配送工作以外，其余工作流程完全通过网上操作完成，因此，适用于采购小件、价值低的产品，因为大件或价值高的产品，商家很可能需要进行实地考察选品
网上和网下结合采购	这种电商采购方式适用于大多数采购活动，但价值低的产品不适合，容易抬高商家的采购成本
自己网上采购	适用于一些质量标准要求不高，或者可以拿到直接货源的产品。如果商家经营的产品对质量标准的要求很高，或者是无法拿到直接货源，则商家自己网上采购会比较麻烦，反而会增加商家的时间成本，从而增加采购成本
代理网上采购	适用于采购高质量标准的产品，或者是商家无法自己拿到货源的产品
网上查询采购	适用于商家可以精准把控产品市价的采购活动
网上招标采购	适用于规模较大的商家

电商商家只有根据自己的实际情况，选择合适的电商采购方式，才能有效降低采购成本，为自身寻求更高的利润回报。

第 3 章

供应商管理与电商价格谈判技巧

供应商是电商供应链中的一个重要主体，没有供应商，商家就很难获取货源，也就无法开展后续的销售业务。因此，商家要做好供应商管理，保证货源的稳定，同时要掌握产品价格谈判技巧，从源头控制采购成本，为经营获利助益。

3.1 供应商的选择与开发

电商商家要从供应商处拿货，因此必须要有合作的供应商才行，但并不是所有的供应商都能向商家提供良好的产品和服务，所以就需要商家进行供应商选择甚至开发。

3.1.1 如何判定供应商是否优质

电商商家可以从以下五个方面来判定供应商是否优质。

（1）要具备合格供应商的基本条件

在众多商家眼里，合格供应商应具备的基本条件包括以下七点：

①供应商有合法的经营资质，可以从营业执照判断。

②供应商的经营规模要与供应能力相匹配。

③能够提供经营所需的各种认证、证书等。

④财务管理体系要清楚明白，财务工作要清白。

⑤要有完善的品控管理体系，能够做到按时、保质供货，且价格合理。

⑥有完善的售后服务支持。

⑦要有足够的信誉。

（2）产品来源渠道要清晰且正规

供应商的产品来源渠道清晰且正规，能够保证商家在采购其产品时不会出现产权纠纷，从而避免遭受重大的经济损失。

另外，供应商的产品来源渠道清晰、正规，能有效保证产品质量，商家也能节约考察供应商产品质量的时间，从而降低运营成本。

（3）要有稳定且专业的管理团队

供应商拥有稳定且专业的管理团队，可以及时解决商家的疑惑和销售中出现的问题。如消费者购买产品后发现产品有严重的质量问题，如电路不通、电路暴露、商品含有超标有害物质或者商品有明显裂痕等。

尤其是制造业，管理团队的稳定性非常重要。如果商家的供应商直接就是生产产品的生产商，则生产商拥有一个稳定且专业的管理团队，能长期与商家进行产品问题的沟通；如果管理团队不稳定，甚至不专业，一旦商家售给消费者的产品出现问题，很可能无法及时联系到生产商，也就无法及时解决消费者反馈的产品问题，这样就会使商家在消费者眼中的形象受损。

换句话说，供应商拥有稳定且专业的管理团队，就能与商家进行及时沟通、交流，及时处理消费者反馈的产品质量问题，提升商家在消费者心中的优质形象，所以，拥有稳定且专业的管理团队是判断供应商是否优质的一个重要标准。

（4）会主动走近客户并积极做好供应链管理

能够主动贴近客户，同时还能积极做好供应链管理，这样的供应商其自身发展就不会差，同时还能带着客户一起往好的方向发展，而这里的客户就是与供应商合作的各电商商家。

供应商主动走近客户，可以及时了解商家的产品需求，及时沟通处理订单，减弱信息的不对称性。

（5）重视各种浪费管理

供应商重视浪费管理，有助于降低其经营成本，相应的，就可以在不改变利润目标的基础上为客户留出更多的价格让步空间，或者利用节省下来的资源为客户提供更优质的服务，这对商家来说也是十分有利的。

简单说，优质的供应商，要具备合格供应商的基本条件，另外还要会管、会沟通、会控制。

3.1.2　电商运营中选择供应商是否需要实地考察

为了有效保障自己经营的产品质量，电商商家很有必要对供应商进行实地考察，这不仅可以验证供应商各种证书的真实性以及自身说法的正确性，还可以了解供应商最真实的供货情况。

那么，对于电商运营中的商家，如何做好对供应商的实地考察工作呢？主要做好以下几个方面：

◆ 参观供应商的公司或工厂

对于供应商的考察，商家直接参观其公司或工厂是最有效的，这样不仅可以切实感受供应商的供货速度、产品储存环境或者产品生产环境，还可以了解供应商管理团队的办事效率。

◆ 了解供应商的物流配送情况

供应商的物流配送情况会直接影响商家采购速度的快慢，从而影响采购成本的高低。供应商有良好的物流配送机制，就能保证为商家及时、安全地供货。

◆ 了解供应商的资质

商家对供应商进行实地考察时，可以从其工商注册情况、经营许可证、产品质量合格证等入手，了解供应商的各种经营资质。

◆ 了解供应商的质量方针和质量管理体系

供应商的质量方针和质量管理体系，在很大程度上为产品或服务质量提供了强有力的保障。如果没有明确的质量方针，或者没有完善的质量管理体系，难免会存在产品质量问题。

◆ 了解供应商对产品的检验标准

商家实地考察供应商对产品的检验标准，就可以了解供应商对产品质量的控制水平，从而判断供应商是否有能力为商家提供优质的产品。

注意，考察供应商一定要尊重供应商，不能采取非合法手段获取供应商的经营情况。

下面来看一个具体的实例。

实操范例 商家到供应商经营地开展实地考察

2022 年 2 月初，某电商商家想要开发一些新的供应商，为了保证后续经营的产品质量有可靠保障，商家决定对这些目标供应商进行实地考察，其中一个供应商经营地在北京西郊。

商家组织的考察团队在 2 月 10 日晚乘飞机到达供应商经营地，并直接前往经营地旁边的一家旅馆入住，此前商家并没有通知供应商会到其公司进行考察。

2月11日早上，商家的考察团队直接打电话给供应商的销售负责人，表明己方是到当地来谈合作，顺便到供应商的经营地来看看，为双方的下一步合作做好准备，希望当天能去供应商的公司参观一下，这样一来，在无形之中给了供应商竞争压力，同时也使供应商放松警惕。

双方约定了时间后，商家的考察团队便在房间里召开了一次紧急会议，总结供应商的信息和相关资料。

一个小时后，考察团队到了供应商的公司，在对方公司负责人的带领下参观了公司的经营环境，此时考察团队的人故意表现得很随意、很无所谓。对方公司的负责人带着考察团队在公司内部到处参观，而商家的考察团队却在不断地做着详细的记录，期间还跟对方公司的员工进行了一些谈话。

后来，在双方进行合同谈判时，由于商家掌握了供应商的详细信息，所以占据了主导地位，掌控着谈判节奏，最终以预期的价格与供应商达成了合作。

合作过程中，供应商还经常调侃商家"兵不厌诈"，当时还真的以为是随便看看，没想到做足了考察的功夫。

3.1.3　商家开发供应商的基本步骤

如果是新手商家，或者是需要重新开发新的供应商的商家，都需要按照一定的操作流程开发合适的供应商，具体内容如下：

（1）进行供应市场竞争分析

电商商家需要了解当前市场的发展趋势是什么样的，暂定的目标供应商在市场中的定位是怎样的，从而对目标供应商有一个大概的了解；然后将自己经营的产品按照重点产品、普通产品和一般产品，划分重要程度，从而确定各目标供应商与自己的关系紧密度。

（2）寻找目标供应商

商家在对供应市场的竞争情况进行详细的分析后，可以通过供应商的信息来源确定目标供应商，从中再筛除明显不适合进一步合作的供应商，最后得出确定的供应商名单，并做好名录记载。

（3）对供应商进行实地考察

商家聘请专业人员或者安排组织内部的专业人员一起参与供应商的实地考察工作。

具体考察时，商家应使用统一的评分标准对供应商进行评估，期间要着重审核供应商的管理体系，如质量记录文件、作业指导书等，并与考察团队的成员积极沟通，发现供应商的优点和不足。针对不足，如果供应商有改进意向，可以在供应商提交改进措施报告后，再对其作进一步评估。

（4）询价与报价

如果商家已经确定供应商资质合格，也符合自身对供应商的要求，就可以在网上向供应商发出询价文件，包括产品图纸和规格、样品、数量、大致采购周期及要求供应商交货的日期等内容，同时要求供应商在指定的日期内完成报价。

商家通过网络收到供应商的报价后，要仔细阅读并分析相关条款，并做好相关记录，包括传真、电子邮件等。

根据不同供应商的报价，商家可以衡量自身的条件和发展情况，选择报价合适的供应商。

（5）合同谈判

与选择的供应商进行价格、批量产品、交货期、供应商成本变动及责任赔偿等方面的谈判，确定双方合作的细节工作。

（6）发展长期、稳定的合作关系

商家与供应商之间通过合作，实现双方互利共赢，可以采取积极的措施促成长期、稳定的合作关系。

又或者在长期合作过程中不断发现供应商存在的问题，及时寻找新的供应商，以免给商家自己带来严重的经济损失。

3.2 供应商的绩效管理与关系维护

对电商商家来说，实施供应商管理不仅是供应商的选择与开发，还包括供应商的绩效管理和关系维护等工作，毕竟稳定的供应源能为商家解决很多采购麻烦。

3.2.1　对供应商进行绩效考核的内容

供应商绩效考核是指商家对现有供应商的日常表现进行定期监控和考核。对供应商进行评估，一方面可以挑选最好的、可信赖的供应商；另一方面可以与供应商保持良好的合作关系，提高商家对整个供应链运作的预见性，避免突发事件造成不良影响。

商家对供应商进行考核的内容，主要从以下三个方面入手。

（1）成本

商家对供应商的成本情况进行考核，主要从产品价格、运输费用以及仓储费用等方面入手，看供应商的供货价格是否合理，是否由供应商承担运费，是否经常发生仓储费用等。

（2）履约能力

商家考核供应商的履约能力时，可以参考的指标见表3-1。

表3-1　商家考核供应商可以参考的指标

指　　标	内　　容
供应能力	①供应商是否有能力根据商家的要求去完成供货 ②供应商是否拥有商家将来会用到的能力，如扩大供应范围的能力、提高产品质量的能力等 ③能不能供应其所有可供使用的能力
供货位置	供应商提供产品和服务的地理位置的安排是否符合商家的进货需要，是否方便运输
财务稳定性	①供应商的盈利是否长期稳定 ②供应商的流动比率和速动比率是否正常，资产、负债和所有者权益之间的结构是否合适等
交货能力	①供应商是否能够准时交货，交货准时率能达到多少 ②是否能保证一直交付没有缺陷的产品或服务
创新能力	①供应商是否在不断创新绩效、刷新历史供货纪录 ②供应商是不是新产品的领先者

只有履约能力高的供应商，才能有效保证商家及时获取货源，不断货。

（3）供应政策

商家考核供应商的政策问题，主要是看供应商是否遵守那些双方协商确定需要遵守的供应政策。比如，每月供货几次，货款是月结还是季结，是由供应方送货还是由商家自己提货，是月初供货还是月末供货等，针对这些供应政策，看供应商是否按照双方约定完成供货。

最后总结供应商遵守供应政策的情况，统计遵守率，一般来说，遵守率越高，说明绩效越好。

3.2.2　供应商管理不是货源管理

很多电商商家为了保证自己的货源不断，并且给自己留足选择的空间，就会与很多供应商合作，这就使供应商管理变成了货源管理。然而，这种一味追求供应商数量的做法并不能为商家的长期发展助益，因为供货商质量如果无法达到要求，长期合作反而会损害商家自己的经济利益。

因此，对商家来说，供应商管理不仅是货源管理，还包括供应商质量管理、关系管理等。

那么，电商商家在进行供应商管理时，要如何避免只做货源管理呢？主要要避免以下几种情况的发生：

◆　不要对供应商进行无节制的压价

要避免只做货源管理，商家就要尽可能地与供应商达成长期合作关系，而该关系的建立，就要求商家不能无节制的对供应商产品进行压价，这样很可能阻碍供应商的发展，消磨供应商想要与商家继续合作的意愿。

◆　不要经常拖欠货款

商家不要经常拖欠供应商的货款，也是出于建立长期合作关系的目的。经常拖欠货款，供应商就会对商家的购买能力进行评估，认为商家购买能力较弱，很容易无法付清货款，此时供应商就可能与商家解除合作关系，对商家来说就没有做好与供应商的关系管理工作。

◆ 不要盲目相信供应商所谓的低价出货

部分供应商仗着自己与商家之间的长期合作关系，以低价或者优惠价的名义，向商家出售质量不好的产品，而商家还高兴地以为自己与供应商的关系很好，实际上采购的产品存在质量问题而不自知。

所以，电商商家尽可能多地开发供应商的前提，是要保证各供应商的供货质量符合自己对产品的要求和标准。

◆ 不要为了筛选好的供应商而频繁更换供应商

如果商家只是单纯地将供应商看成货源，就容易在供应商供货情况发生不好的转变时立即更换供应商，而频繁更换供应商会增加商家开发供应商的成本，得不偿失。

此外，频繁更换供应商，很可能使商家面临断货、缺货等困境，从而影响商家自身的销售业绩，严重时还可能导致商家的资金链断裂。

◆ 只对供应商进行考核监督而不互相帮助

一些电商商家在供应商的供货能力出现小问题时，就埋怨供应商这里不好，那里不对，面对供应商供货能力低下、货源品质差等问题，只对供应商进行考核监督，却没有想过与供应商一起解决问题、共同进步，更甚者还会对供应商实施严厉的违约处理。

这样一来，商家与供应商之间就无法建立足够的信任，一旦再次出现问题，双方都将注意力集中在追问责任上，而不是快速想办法解决眼前的问题，这无疑会耽误商家的采购进度，同时也会影响供应商的出货率，最终两败俱伤。

所以，要做好供应商管理，商家不能将供应商看作简单的货源途径，更应该与供应商携手，实现互利共赢，促进双方业务的顺利开展，增进双方的友好合作关系，如果可以，应尽可能使双方发展成为长期的、稳定的战略合作伙伴。

3.2.3 构建供应商综合评价体系

为了更形象地理解供应商综合评价体系，可以将其视作供应商综合评价指标体系。构建供应商综合评价指标体系时，要注意四个方面的内容，如图 3-1 所示。

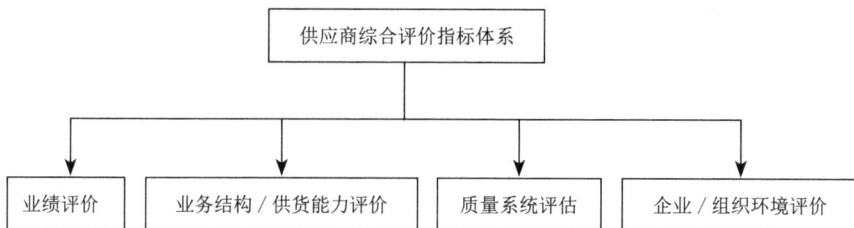

图 3-1　供应商综合评价体系的结构

（1）业绩评价

商家对供应商进行业绩评价，主要从五个方面着手，如图 3-2 所示。

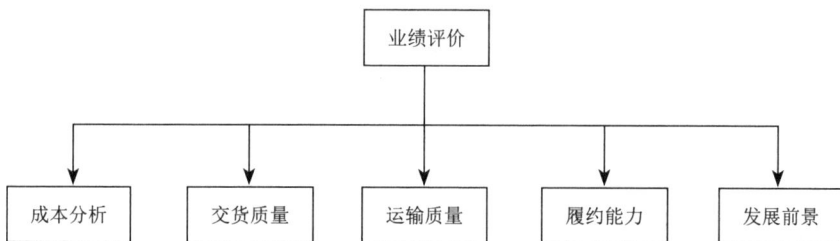

图 3-2　商家对供应商进行业绩评价的五个方面

商家对供应商进行成本分析评价，实际上是价格分析评价，主要由采购部评价供应商的价格是否稳定且合理。评价交货质量主要包括交货数量的稳定性高低、是否按时交货、送货规格的准确性高低、包装和外观情况、质检报告和文件准确性以及单据、凭证的正确性，这些评价工作需要由采购部、质量部以及财务部等多个部门协助完成。

运输质量评价，主要看供应商运送的货物是否完整到达商家指定的目的地、运输产品是否迅速、运输成本低或高、运输方式是否便利等。履约能力的评价主要看供应商的产品质量、交货能力，可简单理解为履行合同的能力。发展前景的评价主要看供应商当前的发展水平和环境，并推测其未来的发展方向、水平和规模。

（2）业务结构 / 供货能力评价

商家在对供应商进行业务结构或者供货能力评价时，主要注意四点内容，如图 3-3 所示。

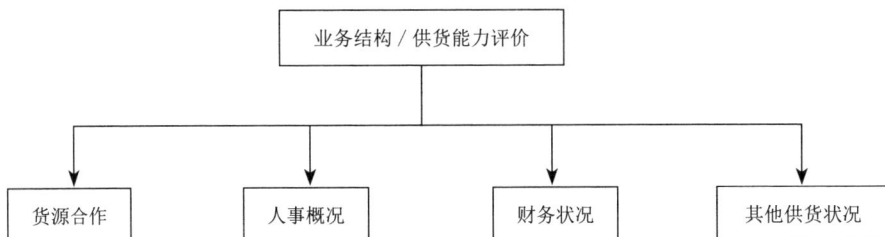

图 3-3　商家对供应商进行业务结构／供货能力评价的四点内容

对供应商的货源合作评价，主要看供应商在自己无法及时供货时是否有合作的货源提供者帮助其供货，看货源渠道是否广泛，货源是否充足。人事概况的评价，主要看供货商的业务人员岗位结构、物流配送人员的组织与安排情况等。

对财务状况的评价，主要看供应商的资产、负债和所有者权益结构，看是否存在负债过多而偿债能力低下的情况，获利是高还是低，现金流情况如何，以及财务工作的处理是否规范、合法、合规等。其他供货情况的评价，包括供应商是否会向本商家优先供货，是否会及时提供供货单据，是否派专人协助商家做质量核验等。

（3）质量系统评估

在供应商综合评价指标体系中，商家对供应商进行的质量系统评估，可以包括五个方面的内容，如图 3-4 所示。

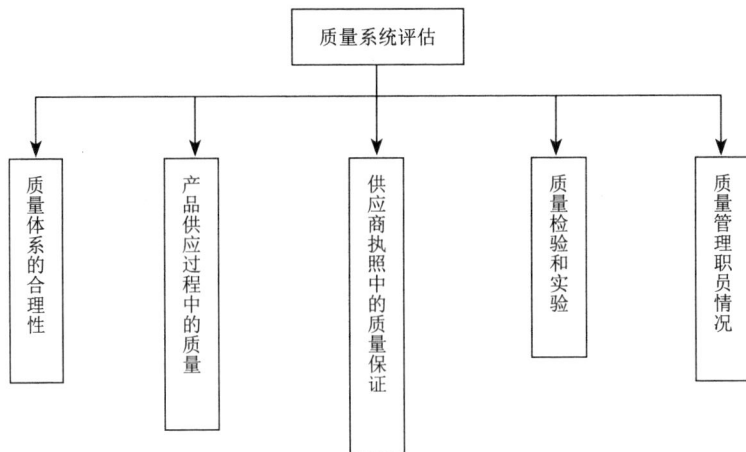

图 3-4　商家对供应商进行质量系统评估的五个方面内容

对供应商质量体系合理性的评估，主要看其规定的质量方针和质量目标是否可行，相关文件是否涵盖了主要的质量管理活动，各文件之间的衔接是否清晰，组织结构是否满足质量体系运行的需要，质量管理中的各部门、各岗位职责是否明确，以及质量体系中要素的选择是否合理等。

产品供应过程中的质量评估，主要看产品在运输途中的质量保证水平，看看产品是否经常在运输途中发生毁损。

供应商执照中的质量保证评估，主要从相关质量证照入手查看有关信息，了解专业机构对供应商的供货质量水平的认定情况。

质量检验和实验的评估，主要是从质量检验和实验结果进行供应商质量评价，看到货产品的质量好坏，是否存在短缺或者毁损，是否存在残次品等。

质量管理职员情况的评价，包括看供应商管理层是否按规定兑现承诺，质量管理人员是否稳定，质量管理人员是否定期接受培训和资格认证，以及质量管理人员的技术能力高低等。

（4）企业／组织环境评价

在供应商综合评价指标体系中，商家对供应商进行的企业／组织环境评价，内容主要有四项，如图 3-5 所示。

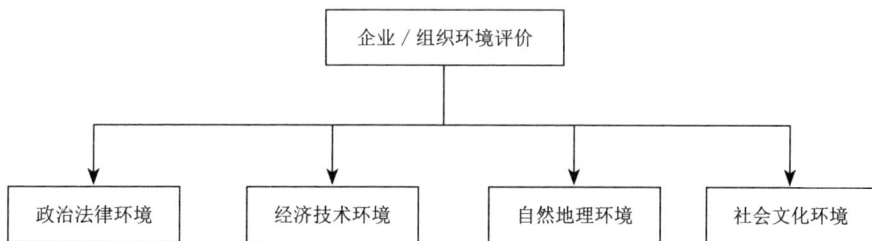

图 3-5　商家对供应商进行企业／组织环境评价的内容

对供应商的政治法律环境进行评价，主要看可能影响和制约供应商经营活动的政府机构、法律法规以及公众团体等，了解这些客观环境对供应商经营的影响是积极的还是消极的。

经济技术环境的评价，包括供应商的客户购买力水平、客户付款模式，供应商所在地的经济发展水平、城市化程度、行业发展状况，以及影响其营销过程和效率的技术环境的情况。

自然地理环境的评价，主要是看供应商经营地的自然地域空间大小、坐落位置是否交通便利等。

社会文化环境的评价，要看供应商经营理念、企业文化、员工工作规范以及相关管理规定，是否与本商家的经营理念相一致，或者商家是否认同供应商的经营理念、企业文化等。

在上述供应商综合评价体系中，各评价项目在实际评价过程中所占的权重可能不同，各商家可以根据自身发展情况，以及对供应商的供货要求和标准，自行确定各评价项目的权重，从而科学、合理且客观地对供应商进行综合评价。

3.2.4　维护供应商关系的重难点

电商商家在维护供应商关系时，有一些重难点需要牢记，对其归纳总结如下：

◆　供应商数量较多时如何高效管理

当商家合作的供应商数量较多时，高效管理并维护与各供应商之间的关系就成了工作难点。

商家可以制作一份供应商情况汇总表，记录供应商名称、供货名称、规格、单价、供货时间、对应付款方式、品质检验结果、供货速度和频率、履约程度以及是否能发展长期、稳定的合作关系等。

对于供应商的综合评价结果无法达到商家要求的，商家可以适当解除合作关系，另行开发新的、质量高的供应商；或者暂时不开发新的供应商，以减少供应商数量，方便管理供应商关系。

◆　如何让供应商心甘情愿提供真实信息

一方面，商家要与供应商保持良好的沟通，让供应商知道其提供真实信息能对双方的合作有好处；另一方面商家与供应商保持良好沟通还有利于互相帮助，发现彼此经营中存在的问题，及时想出解决办法。

◆　如何获得供应商的信任

商家与供应商之间要建立信任，需明白责任是相互的。比如，商家在处理产品问题时，要适当站在供应商的角度考虑，在不损害自身利益的前提下，帮助供应商高效解决产品问题。

同时，商家也要向供应商提供真实的销售数据和消费者购买信息的统计数据，便于供应商调整自己的进货渠道和频率，或者调整自己的生产计划等。

◆ 如何在自己与供应商之间确定合理价格

作为电商商家，肯定希望自己进购的产品价格低且质量好；而作为供货商，肯定希望自己能以尽可能高的价格出售产品。这样一来，商家与供应商的目标就出现矛盾，双方很容易因为产品价格问题而无法达成合作，或者是在后续的合作中步伐不一致而导致散伙，很显然，这就是没有做好供应商关系管理与维护的表现。

因此，商家在自己与供应商之间确定合理价格，就成了供应商关系维护的重点，那么要怎么才能确定双方都认可的合理价格呢？主要应做好以下三点：

①充分了解供应商提供产品的成本以及大致的盈利期望。

②在成本之上，与供应商协商出合适的盈利空间。

③商家根据自身规划的采购成本，结合供应商的盈利空间，与供应商协商确定合理的采购价格。

◆ 当供应商说"做不到"时怎么继续合作

很多商家可能在与供应商的合作中，会遇到供应商说"做不到"的情况，那么此时我们就不与这样的供应商合作了吗？不是的。

第一，我们需要清楚地知道供应商为什么做不到，是质量要求太高，还是价格太低，或者是供货时间太紧等。

第二，针对不同的"做不到"的原因，采取相应的措施让供应商"能做到"。比如，商家对产品的质量要求太高导致"做不到"，没有相应的进货渠道或者生产技术，此时，商家就需要考虑是否应该在保证消费者权益的情况下适当降低对产品质量的要求；或者帮助供应商寻找进货渠道或提高生产技术。

如果是商家给出的采购价格太低，则可以邀请供应商报价，双方在不断磋商的过程中确定合适的价格。如果是供货时间太紧，则双方也可以先协调时间，协调不成，再让供应商帮助自己寻找其他可以及时供货的供应商，这样与原供应商之间也还存在联系。

◆ 供应商实力强但工作不配合怎么办

商家先要与供应商做好充分沟通，了解为什么不配合采购工作，是否是双方的接洽人员之间存在沟通问题，是否是供应商看商家规模小而不愿意合作等；然后询问供应商是否有配合工作的可能性，是否有转圜余地，是否可以用另外的方法达成双方的合作关系，比如在一定时间内增加采购量，或者以现金形式支付货款等。

如果供应商仍然咄咄逼人，不给商家面子和盈利机会，商家也可以果断寻找其他优质的供应商。

概括来说，商家管理并维护好供应商关系，就需要做到充分的沟通和谅解，同时还要站在互帮互助互利的角度，发展合作关系。

3.3 学会与供应商进行价格谈判

站在商家的角度，并不是供应商要价多少就给多少，商家自己也有采购成本的规划，因此，电商商家与供应商很可能需要进行价格谈判。如何进行价格谈判，才能既保障供应商的利益又保障商家自己的利益呢？掌握价格谈判的技巧很重要。

3.3.1 借助价格行情精准把握谈判底线

商家如果能准确把握所经营产品的价格行情，就能分析出供应商的价格底线，在价格底线之上还价，通常才能提高价格谈判的成功率。

一般来说，常规的标准型产品，其价格和市场行情相对比较稳定，电商商家可以通过历史采购记录和供应商报价来获得价格行情信息，但对于一些非标准化的产品，商家就需要在价格方面与供应商仔细谈判。

所谓的价格行情，不仅包括价格区间，还要包括普遍价格以及低价时是否存在扰乱市场的恶性低价行为等。

通过了解所经营产品在供应商圈里的价格区间，商家可以合理把握该产品的大致价值，从而为确定采购价格提供依据。

了解所经营产品的普遍价格，可以知道供应商圈共同认可的该产品的价值，与价格区间相比，看该产品的价值浮动大小。

了解所经营产品在供应商圈里是否存在过度低价而扰乱市场的情况，如果有，将这些低价从价格区间中剔除，以正常的价格区间来判断供应商的价格底线。

掌握价格底线，商家在与供应商进行价格谈判时，有如下一些优势：

①能够判断供应商报价是否远高出成本。

②能判断供应商是否真心想与商家合作。

③能掌握价格谈判的主动权。

④能确定商家采购价格的底线。

⑤能有效控制供应商的盈利空间。

⑥能促进商家和供应商达到双赢的局面。

⑦能防止供应商随意报价。

⑧有利于商家与供应商顺利进行价格协商。

⑨帮助商家尽可能地确定贴近计划采购的价格。

总的来说，商家掌握价格行情，就可以精准地掌控价格底线，从而防止供应商随意喊价，保护商家自身的权益；同时，也能为供应商留出一定的盈利空间，使双方在进行价格谈判时不至于走到僵局的地步，对顺利开展价格谈判有很好的助益。

3.3.2　电商商家如何应对垄断型供应商

垄断型供应商通常是指商家经营所需的产品只能从该供应商处购进，没有其他货源渠道可供商家选择。在与这样的供应商进行价格谈判或者合作时，电商商家会处于非常不利的地位。因为垄断型供应商一旦掌握了相关产品的关键技术，在与电商商家合作的过程中就会处于强势地位，毕竟只有"我"这一家供货，你不想进货也得进货。

那么，商家该如何应对垄断型供应商呢？主要应做好以下几点：

（1）尽量合作不要对立

因为垄断型供应商在产品、技术、管理水平以及品牌等方面，有着绝对的优势，商家无法从这些绝对优势入手打破其强势地位，所以就要换一种思维，以恰当的合作方式，获得供应商拥有的优势资源，从而顺利完成供货与采购活动。

比如，商家可以通过分析自身的经营模式、销售周期以及产品需求频率等，向供应商提出供货建议方案，不断根据双方的利益与要求进行协调、调整，直至达到双方共同目的为止。

（2）从物流方面主动提供便利条件

当商家无法从产品、技术本身入手让供应商让步，就可以从物流配送等方面给供应商提供便利，以此为条件，请求供应商给予合理的或者较低的价格出售产品。

例如，商家可以与供应商商议，所有采购产品由商家自己负责运输，供应商在价格上给予一定的让步。

（3）向供应商采取有利的付款方式

实际上，很多供应商的实力并非无可阻挡，一些垄断型供应商也只是从产品本身具备垄断性，而其自身经营规模并不能对商家产生太大的阻碍。面对这样的供应商，商家可以从付款方式入手，向供应商提供有利于其资金周转的付款方式，提高供应商的资金回笼速度，这样供应商也会愿意在价格方面做出适当让步。

例如，商家可以向供应商承诺以现金形式支付货款，而相应的，供应商要适当降低价格。

（4）发展全球采购模式

全球采购是指利用全球资源，在全世界范围内寻找供应商，从而寻找质量好、价格合理的产品。

很显然，全球采购扩大了商家的采购范围，从空间上打破了国内垄断供应商的供货壁垒，使其垄断的产品无法真正发挥垄断效果。

但是，全球采购如果由商家自行开展，事情会比较多，手续也可能比较麻烦，此时可能需要结合代理采购的方式进行。

（5）增强相互依赖性

电商商家可以向垄断型供应商多安排订单，使供应商对商家产生依赖性，不断地让自己成为供应商的大额订单客户，这样供应商也不会轻易与商家扯皮，甚至解除合作关系。

但是，这样的方法只适用于那些具有垄断性质但规模和实力都较小的供应商，实力较强的供应商，商家很难轻易地成为其大客户，也就很难使其对商家自身产生较大的依赖性。

（6）联合其他商家对其造成出货压力

垄断型供应商根据其强势程度，可能只针对一家或几家商家态度强硬，也可能对整个客户圈的商家都是强硬态度，此时，商家要想占据先机，就可以与其他商家联合起来，要求供应商适当降低价格，否则整个行业的商家都不会在供应商处采购产品。

这样一来，供应商就会面对巨大的出货压力，为了保证顺利出货，供应商也会选择让步。

除了上述这些方法，商家也可以采取一定的措施，让供应商之间形成竞争性格局，打破垄断市场。

3.3.3　把握时机确定价格

电商商家在与供应商进行价格谈判的过程中，不仅要掌握一定的谈判技巧，还应准确把握时机确定价格，因为犹犹豫豫就可能错失先机，甚至还可能向供应商传递错误信号，导致谈判事项无法达成共识。

那么，商家如何才能准确把握价格的确定时机呢？商家在谈判时应注意以下几方面的问题：

◆ 要先制订价格谈判计划

对商家来说，制订价格谈判计划，可以事先预见突发状况，从而给出相应的解决办法，其中包括对价格协商的相关内容，可以规定价格协商的流程，从低到高地还价，每次还价区间是多少，大概到什么价位就坚决不能再让步等。

◆ 注意观察供应商的表情

商家在与供应商进行面对面价格谈判时，针对每一次还价，观察对方的表情变化，一旦看见对方谈判人员听到某价格时眉头紧锁，说明该价格很可能就是他们能接受的最低价，或者是快要触碰到他们最低盈利的目标价格，此时商家就不要再蛮不讲理地一味压低价格，应抓住时机将价格确定下来，当然也要保证自身利益。

很明显，这种方法只适用于商家与供应商面对面进行价格谈判的情形，当商家采取完全网上采购的方式时，就不适用了。

◆ 注意供应商的说话语气

人的说话语气能在很大程度上表现其内心情绪，商家可以通过观察供应商的说话语气来判断其对还价的接受度。

当发现供应商语气比较舒缓时，说明双方对于价格还有较大的协商空间，此时商家还可以进一步还价。

反之，当发现供应商语气比较强硬，或者言语之间的间隙较短，就很可能表示他们极力地想要控制住价格，不想价格再低，此时的价格就很可能接近他们的目标价格，供应商就可以抓住时机，再适当调低价格还价，对方不愿意接受后，就要果断以前一次还价价格确定采购价格。

◆ 比较还价程度与市场平均价格

为了更精准地把握采购价格的确定时机，商家可以通过比较还价程度与供应商市场供货的平均价格，来确定是否还有还价的必要，从而抓住时机确定价格。

有足够采购经验的采购者，还能通过感受谈判氛围来判断还价时机，从而果断确定价格。

第4章

正确签署电商采购合同

正规的采购活动，必然需要签订正规的采购合同，合同签订出现问题，将会对整个采购活动产生不好的影响，甚至还会使商家遭受不必要的经济损失。为了保证后续的采购工作顺利开展，也为了预防商家遭受经济损失，商家需要与供应商正确签署电商采购合同。

4.1 了解电商采购合同的类型与重要条款

为了正确签署采购合同，电商商家需要了解电商采购合同具体有哪些种类，以及合同中必备的一些重要条款。

4.1.1 电商采购合同有哪些种类

根据采购方式的不同，或者根据采购产品的类型，又或者根据采购方组织形式的不同，可以将电商采购合同分为不同的种类，常见的有如下几种：

（1）电商平台采购合同

电商平台采购合同，顾名思义，就是电商平台在开展采购活动中需要签订的采购合同。

由于电商平台采购活动涉及的产品数量通常较多，因此与之合作的供应商或者生产商大多为企业性质，采购合同包括的内容就会很多，包括合作方介绍、名词定义、产品订购、运输、货款结算、双方权利与义务、违约责任、保密条款、不可抗力条款以及合同的变更、终止与解除等。

下面来看看某电商平台与供应商订立的采购合同。

实操范例 电商平台采购合同

本合同于 ×× 年 × 月 × 日在 ×× 签订。

根据《中华人民共和国民法典》《中华人民共和国产品质量法》及《中华人民共和国消费者权益保护法》等法律、法规的规定，甲乙双方通过友好协商，本着平等、自愿、公平和诚实信用的原则，就合作期间的所有产品在 ×× 进行销售订立本合同。

1. 合作方

本合同的甲方代表买方，包括其下属子公司。乙方代表卖方，包括其下属子公司及各类分支机构。因此，本合同中涉及的各项条款适用于甲乙双方的总公司及所属的各地子公司、分公司、分支机构、办事处等机构。

2. 名词定义

产品：指由乙方生产或经销的，符合国家标准、行业标准及双方约定的标准，并不侵犯任何第三方合法权益的合格产品。

供货价格：指在乙方给予所有经销商的最低真实价格的基础上进行协商，取得一致的价格。

残次品：指产品在售前、售中及售后过程中本身固有的或发生的外观、性能、质量等任何一项不符合国家质量标准、行业标准、厂家标准及合同约定标准等任何一项标准的产品。

滞销产品：指甲方从乙方购进的入库后30天仍未销售出去的产品。

特供品：指根据双方的经营需要，甲方从乙方订购的仅在甲方销售的特供包装商品或以优势的进货价格采购的特供价格产品。

货到付款：指甲方在乙方产品到达甲方库房，验收合格后向乙方支付货款。

款到发货：指甲方先行付款，乙方在约定时间内送货到甲方指定地点。

回款额：指甲方支付给乙方的货款，包括扣抵乙方在甲方处欠款的款额（降价款、退货款除外）。

账期：指产品进入甲方指定物流中心签收后到甲方支付货款的时间段。

降价款：指由于供货价下调而产生乙方应支付给甲方的降价金额。

名誉损失：本合同中所称给甲方造成名誉损失的情况，是指给甲方或甲方相关联公司的名誉、商号、商标、商誉造成负面影响的情况。

账扣：指结算货款时直接扣除的款项。

季节性产品：指仅在某个季节或为适应某个节假日、节气、节令的需要而销售的产品。

3. 产品订购

甲方向乙方正式提交订单的方式包括以下几种：合同书订单形式、电子数据（邮件）订单形式等，以上所有订单形式均适用于本合同。

甲方以上述形式之一向乙方发出订单的，乙方应在接到订单后1日内进行确认并告知甲方确认结果。甲方在要求的送货时间前1日，有权撤销或变更订单。

乙方负责将订单列明的产品，按照约定的时间、运输方式，足量保质交付到甲方指定的物流中心，其间的一切费用由乙方承担。产品在交付甲方并验收前（验收以甲方入库单据为准），一切风险及责任均由乙方承担。

甲方款到发货的产品，乙方应在甲方付款后××日内送达全部产品。

乙方保证以市场上最优惠的价格提供质量最好的产品，并承诺所有交付的产品符合订单及本合同要求，并均与合同谈判过程中向甲方展示的样品完全一样；保证产品清洁、包装完好、适宜销售，不得有任何包装损坏、潮湿、变色或其他影响产品正常销售的问题。

甲方收到产品后对产品品种、规格、产品数量、外包装进行验收。在验收过程中，如发现所交付的产品与订单要求不符或外包装破损、保质期不符合双方约定等情形时，甲方有权拒收。

乙方应履行监控自己库存并保证甲方货源的义务，当出现商品库存不足并可能影响对甲方的及时足量供货时，乙方应在接到甲方订单后24小时（工作日）内书面通知甲方，否则将承担给甲方带来销售损失的直接责任。

4. 货款结算

…………

5. 双方权利义务

…………

6. 违约责任

…………

7. 保密条款

…………

8. 合同的变更、终止、解除

…………

本合同一式三份，甲方执两份，乙方执一份，具有同等法律效力。

甲方（盖章）：   乙方（盖章）：

法定代表人：   法定代表人：

授权代理人：   授权代理人：

地址：   地址：

电话：   电话：

传真：   传真：

电子邮件地址：   电子邮件地址：

实务中，电商商家与供应商之间签订采购合同，可参考案例中的合同范本，结合自身交易情况，做好条款内容的调整即可。

（2）分期付款采购合同

分期付款合同即电商商家以分期付款的方式向供应商支付采购价款所订立的合同。在这类合同中，电商商家可以是先分期付款、后收货，也可以是先收货、后分期付款。

商家与供应商签订分期付款采购合同时，合同条款中要重点明确如何分期、怎么分期才算是分期付款等内容。比如，采供双方在合同中约定货款分 3 次付清，收到产品后的连续 3 个月每月付款一次，且在月末支付。

由于分期付款对供应商来说，存在无法收回资金的可能性，即存在坏账的可能，所以双方在订立合同时，供应商往往会特别注重商家未及时付款的违约责任的认定。

而在分期付款采购合同中，如果供应商承诺分批交货，此时对商家来说有可能出现断货的情形，从而影响正常销售，所以商家就会在合同中着重强调供应商无法按时交货的违约责任。

实操范例 分期付款采购合同

买方：×××（以下简称甲方）

卖方：×××（以下简称乙方）

甲方（买方）和乙方（卖方）就产品分期采购达成如下协议：

第一条 本合同的标的物为……，甲方可以按以下规定向乙方付款。

1. 前款人民币 ×× 元。

2. 余额为人民币 ×× 元。

3. 月利息为人民币 ×× 元。

第二条 甲方应提前 ×× 日在 ×× 网站申请采购。

第三条 甲方可为上述内容提供担保，本合同成立时，甲方应签发支票。

上述支票的保管和处理权限仅限于乙方，每交付一张支票，即视为甲方还款。

第四条 乙方应在签订本合同的同时将 ×× 产品移交给甲方，并同意甲方使用该产品。

第五条 如果甲方能够支付相关的分期付款金额及其他应付费用，甲方应向乙方支付日利息××元。

第六条 甲方应合理使用××产品,如有违反,乙方可立即终止本合同。

第七条 如果甲方连续两次未支付价款,且未支付的到期价款金额达到总价的20%,乙方可要求甲方支付到期未支付的全部价款或解除合同。乙方解除合同的,可以要求甲方支付标的物使用费。

第八条 合同争议的解决

因履行本合同发生的争议,由双方协商解决;也可以由当地工商行政管理部门调解。协商或调解不成的,按照下列方法解决:

1.提交仲裁委员会仲裁。

2.依法向人民法院起诉。

第九条 其他约定事项

…………

买方(甲方):	卖方(乙方):
法定代表人:	法定代表人:
授权代理人:	授权代理人:
地址:	地址:
电话:	电话:
传真:	传真:
电子邮件地址:	电子邮件地址:

(3)样品采购合同

在电商采购活动中,商家需要通过样品确定产品的质量,而供应商必须交付与产品有同样质量的样品。

在样品采购合同中,约定的样品一经确定,采供双方都不能随意更改,且样品与采购的产品应该为同一种类,所以,样品采购合同适用于产品种类确定的交易。

签订样品采购合同,就意味着供应商必须对样品承担相应的责任,而商家则根据约定的样品确定最终交付产品的质量。

样品采购合同,要明确样品的质量要求、标准,同时规定实际交付产品的质量要与样品保持一致,如果不一致又该怎么处理等内容。

实操范例 样品采购合同

甲方（买方）：   乙方（卖方）：

联系人：   联系人：

地址：   地址：

传真：   传真：

邮编：   邮编：

甲、乙双方分别是根据中国法律正式成立、有效存续、正常经营的企业和商家，均具备签署和履行本合同的全部资质及能力。甲、乙双方在平等、自愿、公平的基础上，经过认真磋商，就甲方购买乙方产品（以下称合同样品）事宜达成以下共识：

第一条　采购的合同样品

1.合同样品的详细规格、说明、标准等内容

⋯⋯⋯⋯⋯

合同总金额：¥＿＿＿＿＿（人民币大写：＿＿＿＿＿＿整）。

上述价格为甲方在本合同项下应向乙方支付的最终价格，其中已经包括所有运保费、安装费、售后服务费和税费等，除该合同金额外，甲方不再支付任何其他费用。

第二条　付款时间

1.付款：货到甲方指定地点并经验收合格后次日起××个工作日内，甲方向乙方支付合同全款（¥＿＿＿＿＿＿）。

2.甲方凭乙方提供的等额、法定发票，向乙方付款。

第三条　付款方式

1.所有款项均以人民币结算，支付方式可为现金、支票、电汇方式。乙方账号信息如下（如乙方不另行通知，则甲方按如下信息执行）。

公司名称：×××

开户银行：××××××××

账号：××××××××

2.甲方发票明细如下（如甲方不另行通知，则乙方按如下信息执行）。

商家名称：××××××××

地址：××××××××

电话：××××××××

税号：×××××××

开户银行：×××××××

账号：××××××××

第四条　交货时间和地点

1.交货地点：××××××××，或甲方在乙方交货前以书面方式具体指定交货地点。

2.交货联系人及电话：××××××××。

3.交货时间：××××××××。

4.如不能如期交付本合同样品，乙方应立即通知甲方，甲方有权采取其他补救措施，由此增加的费用由乙方承担。

第五条　包装及运输

1.乙方按照本合同附件一，向甲方提供的所有产品及相关配件应是该产品生产商生产的全新的合格产品，且该产品应适合长距离运输，并符合生产商的产品出厂包装要求。如果乙方提供的产品包装不符合生产商的产品一般出厂包装要求，或产品存在划痕或被毁损的现象，甲方均有权要求乙方更换该样品或作退货处理。

2.乙方承担样品交付甲方前的一切费用和风险（本条款所指交付是乙方将样品运送至甲方指定地点，并经甲方或甲方的最终用户验收合格并出具验收合格证明后视为交付）。

第六条　检验与验收

1.甲方或甲方指定的收货人在交货地对乙方提交的合同样品进行检验。如果乙方提交的合同样品与本合同规定不符，则甲方有权要求乙方免费更换或退货，乙方应按照甲方的要求进行退换并承担由此产生的一切费用。

…………

第七条　品质与保证

…………

第八条　所有权及知识产权

…………

第九条　违约责任

…………

第十条　争议解决

············

本合同一式×份，甲方执×份，乙方执×份，自合同双方及授权代表签字并盖章之日起生效。

············

甲方：　　　　　　　　　　乙方：

授权代表签字：　　　　　　授权代表签字：

日期：　　　　　　　　　　日期：

（4）试用产品采购合同

有一些商家要求供应商先提供一些试用产品，商家通过试用，再决定是否正式与供应商合作，购买其产品，此时，为了保证双方的利益，也可以签订试用产品采购合同。

试用产品采购合同中涉及的产品，对电商商家来说已经产生实际占有了，但在商家正式决定购买产品前，产品的所有权并不发生转移，也就是说，产品的所有权仍然属于供应商。

《中华人民共和国民法典》第三编第二分编第九章第六百三十七条规定，试用买卖的当事人可以约定标的物的试用期限。对试用期限没有约定或者约定不明确，依据本法第五百一十条的规定仍不能确定的，由出卖人确定。

《中华人民共和国民法典》第三编第二分编第九章第六百三十八条规定，试用买卖的买受人在试用期内可以购买标的物，也可以拒绝购买。试用期限届满，买受人对是否购买标的物未作表示的，视为购买。试用买卖的买受人在试用期内已经支付部分价款或者对标的物实施出卖、出租、设立担保物权等行为的，视为同意购买。

《中华人民共和国民法典》第三编第二分编第九章第六百三十九条规定，试用买卖的当事人对标的物使用费没有约定或者约定不明确的，出卖人无权请求买受人支付。

《中华人民共和国民法典》第三编第二分编第九章第六百四十条规定，标的物在试用期内毁损、灭失的风险由出卖人承担。

由此可见，试用产品采购合同可能包括的内容有试用期的规定、试用期届满的处理、试用期标的物的使用费承担方以及标的物在试用期间毁损、灭失的责任与处理办法等。

实操范例 *产品试用合同*

　　甲方（商家）：　　　　　　　乙方（卖方）：

　　甲乙双方本着诚信合作、共同发展的原则，签订本合同，以资双方信守执行。

　　一、试用产品名称、型号、数量

　　…………

　　二、试用期限：××年×月×日至××年×月×日止。

　　三、试用条件

　　1. 乙方提供试用产品并承担单程运输费。

　　2. 甲方在试用期间，应严格按照产品试用说明书的要求操作，保证试用产品完好无损。

　　3. 在试用期终止后，甲方应有相关的试用结果。如甲方试用满意，将进入购买流程；如甲方有异议，应在一周内将试用产品返回乙方。

　　4. 甲方如有特殊要求，应提前说明。

　　四、本合同一式两份，双方各执一份，在双方签字盖章后生效。本合同如用传真方式签订，传真件与原件具有同等法律效力。

　　供货单位（盖章）：　　　　　　需方（盖章）：

　　单位地址：　　　　　　　　　　地址：

　　法定代表人：　　　　　　　　　责任人：

　　委托代理人：　　　　　　　　　委托代理人：

　　传真：　　　　　　　　　　　　传真：

　　电话：　　　　　　　　　　　　电话：

　　不同的电商采购合同，其条款和内容的侧重点会不同，商家应该根据自己的情况制定。

4.1.2　电商采购合同中必具备的条款

　　在了解了电商采购合同的常见类型后，电商商家还必须掌握采购合同中必须具备的条款，这样才能防止不遗漏重要采购事项。

（1）标的条款

标的即靶子、目的，在经济合同中指当事人双方权利和义务共同指向的对象，如货物、产品、劳动和工程项目等。在法律关系中，标的是法律行为的成立与其约束力的根据，因此，有效力的合同必然具备标的条款。

标的条款的作用，主要是清晰标明标的的名称，从而界定合同当事人双方的权利与义务。

标的可以是实物，也可以是服务行为，还可以是智力成果和某种权利等。在采购合同中，标的条款要注明标的的全称和类型，如果标的有商标，还需要注明标的商标。

关于标的全称，应尽可能与国际标准或行业习惯一致，否则在实际交易过程中容易与类似产品混淆，从而带来麻烦或纠纷，甚至遭受经济损失。

标的类型主要指是有形货物、无形货物，还是劳务服务或者工作成果。标的类型是对标的进行更详细的确认，使得供货商更准确地为商家供货。

商标是标的本身具有的一种区别于其他标的的标志，明确标的商标，能帮助商家有效辨认供应商提供的产品的真伪。

除此以外，标的的型号、规格、品种以及等级等信息，也应该在这部分条款中明确说明。

（2）质量标准条款

质量标准条款在采购合同中非常重要，它明确了商家采购产品应达到的质量水平，同时要求了供应商应该提供什么质量标准的产品，只有明确标的质量，才能避免在后期采购、供货过程中出现质量纠纷。

商家在设计采购合同的质量标准条款时，需要注意一些细节，具体见表4-1。

表4-1　商家在设计采购合同的质量标准条款时应注意的细节

注意细节	说　　明
内容清晰具体	质量标准关系着产品后期的销售业绩，甚至关系到商家的店铺信誉，因此采购合同中对于产品质量标准的条款内容，一定要清晰具体，不能使用模糊字眼，如左右、大约、大概等

续上表

注意细节	说　明
质量负责期限	指在采购合同中，商家要规定供应商对其提供的产品质量负责的具体期限，这样就能有效保证供应商在该期间严格要求自己，约束自己
符合实际	在制定采购合同时，商家与供应商要针对产品实际情况确定质量标准，不要对产品有过高的质量要求，否则会使得供应商按照最新的生产技术或者最可靠的进货渠道都没有办法供应符合质量标准的产品，质量标准要符合产品本身的实际供应情况
验收处理	产品验收是电商商家检验供应商提供产品是否合格的最终环节，因此验收处理的具体办法一定要在采购合同中明确说明，这样不仅能促使供应商积极提供质量好的产品，也能督促商家自己按照流程仔细做好产品验收工作
验收与合同不一致的处理	采购合同中，一定要明确验收产品质量与合同约定质量水平不一致时的处理措施或办法，通常可以归纳到违约条款中

（3）支付条款

电商商家与供应商签订的采购合同，还需要明确支付条款，包括商家应支付金额、付款方式以及时间等内容。

支付金额。 为了保证采购合同不存在漏洞，在约定支付条款时，可以将产品的单价、总价、核算方法以及涉及的税费等明细信息都说明清楚，而不是只单纯地写一个总价款。注意，如果合同中还涉及不同的币种，还应明确约定按照哪种币种进行结算，以及按照怎样的汇率进行换算等。

付款方式。 不同的供应商偏好的商家付款方式不同，因此在采购合同中需要明确约定商家的付款方式，是分期付款，还是一次性付款；是先付款后发货，还是先发货后付款；是用现金支付，还是用商业票据支付，或者直接银行转账。必要时，合同中还会涉及担保内容。

付款时间。 交易过程中，付款时间直接关系着供应商和商家付款与收款的时间点。对于供应商来说，肯定希望商家越早付清货款越好，这样出现坏账的概率就会很小；但对于商家来说，肯定希望越迟付款越好，这样商家就可以利用货币时间价值拉低采购成本。因此，如果不明确付款时间，供应商和商家之间就可能出现分歧、矛盾，从而阻碍采购活动顺利进行。

（4）交货条款

交货条款主要是对供货商的行为进行约束，合同中需要具体明确交货时间、交货地点和交货方式等。

交货时间。在电商采购合同中，需要明确规定供应商提供产品的具体时间，这样可以保障商家的权益，防止供应商以各种理由延迟供货，导致商家断货。

交货地点。交货地点是供应商与商家进行产品交接的地方，可以是供应商提供产品的地方，也可以是商家提货的地方。因为交货地点会在合同双方发生仲裁事宜或诉讼事宜时用到，它是解决纠纷的关键因素，因此需要明确约定。

交货方式。在交货条款中还会说明具体的交货方式，也可以理解为运输条款，说明是由供应商运输产品，还是由供应商办理托运，或者是由电商商家按照供应商的指示到指定地点提货等。在这些方式中，由供应商办理代办托运，对商家来说风险最大。

（5）违约条款

违约条款是所有交易合同中的重要条款，采购合同也不例外。违约条款的存在，可以确保合同双方顺利履行自己的责任与义务，充分享受自己的权利，不仅能帮助守约方获得损失补偿，也能惩罚违约方的违约行为。

在设计电商采购合同的违约条款时，主要内容包括违约行为、违约责任承担方及承担方式、损失赔偿的范围以及违约金和赔偿金的具体数额等，简要说明见表4-2。

表4-2 电商采购合同违约条款的内容

内　　容	说　　明
违约行为	主要列明采供双方在交易过程中出现的哪些行为属于违约行为，借此明确采供双方的责任，规范交易行为
违约责任承担方及承担方式	这一内容通常与违约行为结合设计，每一种违约行为对应一个违约方，同时明确该违约行为发生后，违约方应该以怎样的方式承担违约责任。比如，买方（商家）逾期支付货款，或者卖方（供应商）逾期交货的，每延误一日，必须向对方偿付合同总价款1‰的违约金，但违约金原则上不超过合同总价款的10%

续上表

内　　容	说　　明
损失赔偿范围	损失赔偿范围的约定，是明确赔偿界限，一般来说，如果一方不履行合同或不按合同要求履行，给对方造成损失，则赔偿范围通常为违约造成的实际损失。该内容的设计，既保证违约方不多赔偿，也保证守约方不会接受比损失小的赔偿
违约金和赔偿金规定	违约金和赔偿金可能同时出现，但通常只需要规定其中一项即可。违约金和赔偿金的规定，可以有效约束合同双方的行为，促使当事人双方尽可能避免违约

　　在大多数违约条款中，主要内容是担负违约责任后继续履行合同以及损失赔偿，辅助内容为一些防范合同双方违约和发生违约行为的补救措施等。违约条款应包括合同双方的违约情况，换句话说，违约条款的存在应保障合同双方的利益，而不只是保证其中一方的利益。

4.1.3　如何有效管理电商采购合同

　　电商采购合同也需要商家和供应商妥善管理，以备交易过程中使用。那么，哪些举措可以提高合同管理的效率呢？具体有以下几种：

　　◆　打印纸质采购合同

　　在电商活动中，采购合同很可能是电子版合同，但为了资料和数据的安全性，商家可以将电子版合同打印出纸质合同，然后保管在专门的资料柜或资料库中。

　　◆　合同领用要合规

　　如果有员工需要领用纸质采购合同，应由领用人填写合同编码并签名确认；未经允许，不得擅自使用纸质采购合同；采购合同可以在内部使用，不得带出组织。

　　◆　采购合同签订后的管理

　　采购合同签订后的管理工作，通常由合同审核员负责。签订生效的合同必须齐备并存档，如果是电子版合同，应做好数据备份。如果是纸质合同，合同审核员应负责将采购合同按照一定的存档方法进行归类存档，以便日后统计和查阅。

◆ 规定合同保存期限

商家应自行规定电商采购合同的保存期限，保存期未届满的，合同不能销毁。保存期届满的，应根据合同涉及的交易是否完成，判断是否需要清理。交易已经完成的，可以提出合同销毁申请；交易未完成的，待到交易完成时再提出销毁申请。

◆ 借助合同管理系统提高管理效率

有条件的商家，可以利用合同管理系统管理包括采购合同在内的所有合同资料，方便、快捷地处理合同管理事务。

◆ 指派专人跟踪合同履行进度

商家可以指派专人实时跟踪采购合同的履行进度，从而提高采购速度，减少采购活动中不必要的经济损失和资源消耗；同时也能根据采购合同，实时把控供应商提供的产品质量，还能及时发现电子版合同是否存在数据损毁或丢失的情况，然后及时采取补救措施。

总的来说，提高电商采购合同管理效率，就要做到专人负责、定时查看、使用合规、按要求保存。

4.2 学会识别电商采购合同中的陷阱

知道电商采购合同的类型以及需要具备的条款，对于商家正确签署合同还不够，要正确签署合同，商家还需要学会识别合同中可能的陷阱，避免落入陷阱而遭受损失。

4.2.1 货物交付日期约定不明

货物交付日期指供应商向商家提供货物、商家接受货物的日期。由于该日期很可能是商家在核算精准的库存量后确定的，因此，为了保证供应商及时供货，商家销售活动不断货，就必须在采购合同中明确规定该日期。

如果货物交付日期约定不明，可能产生的不利影响如下：

①供应商以各种理由推迟发货，导致供货不及时，商家可能出现断货。

②可能导致商家付款时间相应延迟。

③给有违约倾向的一方制造无责任解除合同的契机。

④导致合同提前解除，双方无法达成合作。

那么，在电商采购合同中，什么样的表述就可以认定为货物交付时间约定不明呢？举例如下：

①供应商需要在 30 天内交货。

这样的表述，双方没有在合同中约定是从合同签订之日起 30 日内，还是从付款之日起 30 日内，30 日的起算日期约定不明，容易引起争议。

②供应商应在收到买方（商家）的货款后交货。

这样的表述，虽然约定了交货期限的起始日期，但却没有明确的交货期限规定，容易使供应商拖延交货。

③供应商需在一个月内完成多批次交货。

这样的表述，很显然是分批交货的交货方式，但没有明确规定每批次的交货时间，这样供应商无法准确掌握发货频次。

④供应商每个月供货一次，买方在验收货物后向供应商付款。

这样的表述，虽然明确了供货期限和频次，但没有明确具体的供货日期，这样就会给供应商很大的出货调整空间，当商家急需产品时，供应商也会以时间不明确为由拒绝立即供货，此时商家就可能面临断货危机。

⑤合同签订后，乙方（供货商）开始备货，应在甲方（商家）指定收货地址交货。

这样的描述，只确定了供货商开始备货的时间，没有说明供货商应该在什么时间交货，也会导致供应商拖延交货。

实际签订采购合同时，交货时间、期限等还要与交货数量相配合。数量较大时，通常采用分批次发货；数量较小时，可以采用一次性发货。无论是分批次发货还是一次性发货，都要明确具体的发货时间，否则，就可能给合同当事人任何一方造成损失。

4.2.2　采购合同没有约定售后条款

售后就是商品销售过程完成后的行为，通常指售后服务，广义的售后，其范围包括售后服务、售后回购、售后体系以及售后工程师等。

售后条款实际上就是对售后服务的说明，也是对商家进购货物的质量保障。试想一下，如果合同中没有关于产品的售后服务条款，一旦商家在后期销售过程中接收到消费者反馈的产品质量问题，就无法直接与供应商联系并解决，尤其是商家无法承担售后服务的产品，更需要供应商保证提供相应的售后服务。

一般来说，售后条款中也会包括部分接收产品并验收入库的事务处理办法，广义地讲，只要产品离开了供应商的经营所在地范围，后续可能向商家提供的服务都属于售后服务。

如果电商采购合同中没有售后服务内容，可能出现的问题见表 4-3。

表 4-3 电商采购合同没有售后服务内容可能出现的问题

条目	问 题
1	消费者向商家反馈产品有质量问题，但商家无法要求供应商处理
2	商家在购进产品入库、销售之前出现产品质量问题，需自行承担损失，也无法要求供应商退换货，或者进行补救
3	商家在进行产品管理时无法得到供应商的协助
4	商家在向供应商请求提供售后服务时，容易被要求支付服务费用
5	如果产品涉及工程人员到消费者家中安装，没有售后条款就无法明确由供应商安排工程人员还是由商家安排，责任不明

由此可见，如果采购合同中没有售后条款，基本上都是对商家不利的影响。为了保障自己的权益，电商商家一定要在采购合同中设计相应的售后条款，具体内容如下：

①售后服务期限。

②售后服务的响应时间，即解决售后问题的工作时间。

③售后服务的方式，如电话支持、邮件支持、远程协助支持或者上门服务等。

④售后服务包括的具体内容和事项。

⑤售后服务是否收费，以及收费规定与标准。

⑥不属于质保范围的事项等。

下例所示为某电商商家与供应商签订的采购合同中的售后服务条款，可借鉴运用。

实操范例 电商采购合同中的售后服务条款

第七条　售后服务

1. 售后服务期限：从乙方（供应商）供货之日起，整机免费质保一年，部分件两年（如硬盘、显示器）。在质保期内，乙方免费上门维修及更换。

2. 售后服务响应时间：服务响应时间为 24 小时。乙方在 24 小时内解决用户出现的问题与设备系统故障，如果乙方维修不及时，甲方（商家）有权自行处理，所涉及的维修费用由乙方承担。

3. 在用户使用过程中，如果消费者发现甲方销售的设备性能和质量与合同规定要求不相符，乙方应负责更换相应的设备产品并运送至消费者指定地点，所有费用由乙方承担。当发现部件损坏返修的情况时，该部件的保修期将重新计算。

4. 乙方对系统提供终身技术支持和维护，质保期满后，乙方保证对发生故障的零件按照优惠价格进行修理。

5. 即使在质保期内，属于下列情况者均不属于质保范围。

5.1　用户因使用、维修、保管不当而导致的故障和损坏。

5.2　用户自行拆装、更改或修理机内任何部分而造成的故障及一切人为损坏的情况。

5.3　因雷击、火灾、风灾、水害、地震或非正常电压等人力不可抗拒的灾害导致的故障或损坏。

4.2.3　合同中过度强调商家的职责和义务

很显然，无论是合同中过度强调商家的职责和义务，还是过度强调供应商的职责和义务，都是对另一方的不公平。

在电商采购合同中，如果过度强调商家的职责与义务，则商家就会处于劣势。过度强调商家的职责，一般体现为两个方面，一是过度强调商家应负担的职责和义务而忽略供应商应负担的职责与义务；二是过度强调供应商享有的权利而忽略商家应享有的权利。

下面来看看某商家与供应商签订的采购合同中的双方责任条款。

实操范例 过度强调商家责任而忽略供应商责任

四、双方的职责和义务

1. 甲方（买方）收到乙方提供的产品后，甲方应派出相关技术人员及时验收，验收时可对不符合合同要求的产品拒绝接收。

2. 甲方有权监督乙方对所交付的产品进行试验，并督导完成。

3. 甲方有权监督乙方的售后服务，对乙方的售后服务不符合合同要求的加以指出，必要时可追究合同职责。

4. 甲方在合同规定期限内履行付款职责。

5. 甲方在乙方进行试验时应给予协助并协调各方关系，乙方应及时提出需要甲方协助和协调的资料，以便保证合同的正常履行。

6. 甲方对乙方的商业机密予以保密。

7. 乙方有权按照合同，要求甲方支付相应款项。

8. 乙方有权在实施试验时，提出合理的协助要求。

从案例内容可以看出，第 1、4、5、6 条职责规定，显然表现的是甲方承担的职责和应尽的义务；第 2、3 条表现的是甲方享受的权利；第 7、8 条表现的是乙方享受的权利，分别对应第 4、5 条甲方应承担的职责。换句话说，上述内容中过度强调了甲方的职责与义务而忽略了供应商应承担的义务。

商家与供应商制定的采购合同，通常都是明确采供双方的职责和义务，很少单独说明双方享有的权利，因此这里不再对"过度强调供应商享有的权利而忽略商家应享有的权利"的情形举例。

在实际制定采购合同时，并不是针对某一方的责任条款多就是过度强调该方的责任，而是要视情况判断是否过度强调了某一方责任和忽略了对其权利享受的说明。

4.3　确保电商采购合同的效力

在商品交易过程中签订的电商采购合同，首先要保证其具有法律效力，如果合同不具有法律效力，则合同中的条款规定都会无效，从而会影响采供交易。

4.3.1 电商采购合同怎样才能生效

电商采购合同生效，需具备以下几个基本条件：

（1）当事人具有相应订立合同的能力

签订采购合同的当事人作为合同主体，应具备独立订立合同并独立承担合同义务的主体资格，这就要求签订合同的法人或负责人必须具备法律或章程规定的业务活动能力；如果签订合同的是代理人，则代理人还必须具备完全的民事行为能力。

（2）意思表达真实

签订电商采购合同的双方在签订合同时，必须出于自身真实的意思表达而在合同上签字，保证没有重大误解，没有欺诈、胁迫等情况。

（3）不违反法律和社会公共利益

采供双方签订合同时，要求签订合同的目的符合法律规定，有利于社会公共利益。

比如，采供双方签订的是买卖毒品的合同，这就违反法律和社会公共利益，是无效合同。

也就是说，采供双方订立采购合同必须是依法进行的，如果采供双方订立的采购合同违反法律、行政法规的要求，法律就不予承认和保护，这样采供双方达成协议的目的就不能实现，订立合同就会失去意义。

（4）合同订约主体必须是双方或多方

电商采购合同的订约主体，必须是双方或者多方，他们既可以是未来的合同当事人，也可以是合同当事人的代理人。

> **知识扩展** *订约主体与合同主体的区别*
>
> 订约主体与合同主体是不同的，合同主体是合同关系的当事人，他们是实际享受合同权利并承担合同义务的人。而订约主体中可能涉及的代理人，其本身是不享受合同权利，也不承担合同义务的。

而合同主体通常只有两方，即买方和卖方，或者采购方和供货方等。

（5）当事人必须就合同的主要条款协商一致

采供双方签订的电商采购合同，必须是经过双方当事人协商一致的，这里的协商一致，是指经过谈判、讨价还价后达成的相同的、没有分歧的看法和交易规则。

（6）合同的成立应具备要约和承诺阶段

要约、承诺是合同成立的基本规则，也是合同成立必须经过的两个阶段，采购合同也不例外。如果采购合同没有经过承诺，而只是停留在要约阶段，则合同未成立。

采购合同是从采供双方当事人之间的交涉开始，由合同要约和对此的承诺达成一致而成立，换句话说，承诺生效时合同成立。

4.3.2 没有签字的电商采购合同是否具有法律效力

理论上来说，没有签字的电商采购合同，是不具有法律效力的。

但是，在《中华人民共和国民法典》第三编第一分编第二章第四百九十条第一款、第二款，关于合同的订立规定：

当事人采用合同书形式订立合同的，自当事人均签名、盖章或者按指印时合同成立。在签名、盖章或者按指印之前，当事人一方已经履行主要义务，对方接受时，该合同成立。

法律、行政法规规定或者当事人约定合同应当采用书面形式订立，当事人未采用书面形式但是一方已经履行主要义务，对方接受时，该合同成立。

由此可知，并不是所有没有签字的电商采购合同都不成立。

而在《中华人民共和国民法典》第三编第一分编第三章第五百零二条第一款，关于合同的效力规定：

依法成立的合同，自成立时生效，但是法律另有规定或者当事人另有约定的除外。

也就是说，依法成立的合同，通常都是具有法律效力的。所以，即使没有签字，但采供双方中的其中一方已经履行了其主要义务，则合同也成立，相应地合同也具备法律效力。

针对上述法律规定，我们可以概括出合同是否成立的几种情形，具体如下：

①采供双方只有一方在合同上签字、盖章或按手印时，如果一方（不论是否为签字、盖章或按手印的一方）履行了合同的主要义务且被对方接受，则采购合同成立。

②采供双方只有一方在合同上签字、盖章或按手印时，如果一方（不论是否为签字、盖章或按手印的一方）履行了合同的主要义务，但不被对方接受，则采购合同不成立。

③采供双方只有一方在合同上签字、盖章或按手印时，如果双方均没有履行各自的主要义务，则采购合同不成立。

④采供双方均未在合同上签字、盖章或按手印时，如果一方已经履行了合同的主要义务，且被对方接受，则采购合同成立。

⑤采供双方均未在合同上签字、盖章或按手印时，如果一方已经履行了合同的主要义务，但不被对方接受，则采购合同不成立。

⑥采供双方均未在合同上签字、盖章或按手印时，如果双方均没有履行各自的主要义务，则采购合同不成立。

综合来看，电商采购合同是否有签字或盖章，与合同本身是否成立以及是否具备法律效力存在一定关系。理论上来说，采购合同没有采供双方的签字或盖章，就自然无法确认双方已经针对合同的内容协商一致，也就不能证明合同具备法律效力。

所以，电商商家与供应商签订采购合同时，一定要分清楚合同成立与合同生效的区别，为了严格保证合同具有法律效力，商家与供应商应尽量按规定在合同上签字或盖章。

4.3.3　离职人员签署的采购合同怎么处理

离职人员借用以前公司的名义签订采购合同，属于无权代理人以被代理人的名义订立合同。针对这类情况，《中华人民共和国民法典》第三编第一分编第三章第五百零三条规定：

　　无权代理人以被代理人的名义订立合同，被代理人已经开始履行合同义务或者接受相对人履行的，视为对合同的追认。

简单理解，离职人员签署的电商采购合同，如果其原任职的供应商公司或商家已经开始履行合同义务，或者已经接受对方履行的义务的，视为供应商公司或商家承认该合同成立并有效，采供双方就要根据合同的约定分别履行各自的义务。

如果离职人员在办理离职手续前签署的采购合同，在该人员离职后还未有任何一方履行其主要义务，但此时合同上已经有了签名或盖章，则该合同仍然成立，采供双方都需要按照合同的约定，各自继续履行合同中的义务。

实操范例 离职人员签订的采购合同有效且应继续履行

李某在淘宝上开了一家服装店，主要销售女性服饰。2022年2月24日，李某向其合作的供应商购买一批新款式的服饰，而供应商将供货事宜全权委托给其销售部的章某负责，包括签订采购合同。所以，在李某与供应商签订的采购合同上，对方签字人为章某，但加盖的是供应商的合同专用章。

在履行合同时，李某在供应商交付第一批服饰时就已经支付了部分货款，后续李某又按照合同的约定按时、足额支付了剩余货款，严格履行了自己的义务。

然而，一个月过后，李某从供应商处得知章某已经离职，而供应商也不想再与李某合作。

于是李某立即向供应商表示，希望对方可以继续履行合同，否则就要承担赔偿责任。因为李某与章某签订的是有效合同，且章某在与李某签订采购合同时已经得到了其任职公司的全权代理，这样一来，李某就有理由相信章某的行为可以代表供应商。

在上述案例中，章某与其任职的公司（即供应商）之间的代理行为被称为表见代理。在表见代理情形下，代理人可以直接产生代理效果，且不需要被代理人追认。换句话说，章某代表公司与李某签订采购合同，其行为可以直接产生代理效果，不需要供应商追认，此时采购合同也就具备法律效力，供应商应继续履行合同，如果不履行，就需要按照合同约定承担相应的违约责任，包括赔偿李某无法及时收货引致的损失。

4.3.4　有了电子版合同还需要纸质合同吗

很多商家认为，与供应商之间签署了电子版合同后，就不需要再准备纸质合同了。当然，如果商家能百分之百确保自己签署的电子版采购合同数据不会丢失，则也不是一定需要纸质合同，但问题是，现实中，没有任何商家能百分百保证自己的合同数据不丢失。

因此，为了保险起见，商家可以在电子版采购合同之外打印一份纸质合同，并妥善保管，以防止电子版采购合同数据丢失或损毁而没有履行合同义务的依据。

但要明白的是，商家与供应商之间已经签署了电子版合同的，就不必要再重新签署纸质合同，直接打印纸质合同即可。

在电商活动中，商家与供应商签署电子采购合同有很多好处，具体见表 4-4。

表 4-4　商家与供应商签署电子采购合同的好处

好　　处	说　　明
提升管理效率	从合同起草、发送、审批到盖章，全程电子化操作，能够促进企业内部和商家内部高效协同工作，提升合同流转效率。同时，电子版合同可以实现在多终端设备上进行合同发起、批复和调阅等操作，提升管理效率
降低成本	商家与供应商无纸化签署采购合同，帮助简化合同管理流程，可以免去纸质合同打印运输和储存等成本；同时，电子化数据库保存采购合同数据，帮助合同双方调阅、归档管理，可以有效降低合同运营成本
降低风险	商家与供应商签署电子版采购合同时，数字签名与信息加密，可以确保合同内容不可篡改和不可抵赖。同时，合同查阅权限可控，操作记录也可以追溯，能够有效降低双方经营过程合同管理环节的隐患和风险
绿色环保	与纸质合同相比，商家与供应商之间签署电子版采购合同，可以省去大量纸张、油墨、电力和装订打包材料，减少污染，绿色环保，而且还可以省去合同的邮寄费用

所以，电商商家与供应商之间签署采购合同时，首选签署电子版合同，签署了电子版合同以后，再考虑是否有必要打印纸质合同以备更好地保存和管理。

第 5 章

站在全局做好供应链管理

　　前面介绍的电商采购，是电商行业供应链管理中的一个重要环节，然而开展电商活动，并不是只管好采购就行了，整个供应链管理及环节之间的平衡运行，都需要参与者认真把控。本章就从大局，介绍电商行业供应链管理的概貌。

5.1 先了解供应链的形成

传统意义上，供应链是指生产及流通过程中，涉及将产品或服务提供给最终用户活动的上游与下游企业所形成的网链结构。而电商供应链是指借助互联网服务平台，实现供应链交易过程的全程电子化，彻底变革传统的上下游商业协同模式，也称为供应链电子商务。那么，如何从传统供应链发展到电商供应链呢？

5.1.1 熟悉供应链的发展阶段

要想知道电商行业如何从传统供应链发展为电商供应链，就需要了解供应链的发展阶段。供应链的发展阶段总结如下：

（1）物流管理阶段

最初，供应链管理停留在物流管理层面，那时供应链是指将采购的原材料和收到的零部件，通过生产转换和销售等活动传递到消费者的一个过程，此时的供应链被看作企业内部的一个物流过程，主要涉及材料采购、库存、生产和分销等部门的职能协调问题。

此阶段，供应链管理还不完善，重点在于物流管理，最终目的也只是优化企业内部的业务流程，降低物流成本，提高经营效率。

（2）价值增值阶段

进入 20 世纪 90 年代，人们对供应链的理解有了新的变化。由于需求环境发生改变，原来被排斥在供应链之外的最终消费者、用户的地位得到了前所未有的重视，从而被纳入了供应链范围，成为供应链中不可缺少的一环。

此时，供应链不再只是一条生产链，而是一个涵盖了整个产品运动过程的增值链。

（3）网链阶段

经济市场中，信息技术不断发展，产业的不确定性日益增加，企业之间的关系正在呈现日益明显的网络化趋势。同时，人们对供应链的认识也从线性的单链转向非线性的网链，更注重围绕核心企业的网链关系，即核心企业与供应商、供应商的供应商等一切向前关系，以及核心企业与客户、客户的客户及一切向后的关系。

在这一阶段，企业从全局和整体的角度考虑产品经营的竞争力，使供应链从一种运作工具上升为一种管理方法体系，一种运营管理思维和模式。

（4）供应链电子商务

供应链电子商务与之前的发展阶段相比，它更突显供应链交易过程的全程电子化，全方位利用互联网服务平台，实现外部电子商务与企业内部 ERP 系统的无缝集成，以企业内部 ERP 管理系统为基础，统一了人、财、物、产、供、销等各个环节的管理，规范了企业的基础信息和业务流程，建立了全国，甚至全世界经销商的电子商务协同平台，实现商务过程的全程贯通。

5.1.2 供应链电子商务的运用

供应链电子商务主要有两方面的作用。

实现供应链业务协同。通过电商供应链管理，可以完善企业的信息管理，通过平台帮助企业快速实现信息流、资金流和物流的全方位管理和监控。同时，电商供应链可以把供应链上下游的供应商、企业、经销商和消费者等进行全面的业务协同管理，实现高效的资金周转。

转变经营方式。电商供应链可帮助企业从传统的经营方式向互联网时代的经营方式转变，借助供应链电子商务平台，企业可以分享从内部管理到外部商务协同的一站式、全方位服务，显著提升企业的生产力以及运营效率。

在电商供应链模式下，电商活动的各参与者可以完成的工作见表 5-1。

表 5-1 电商供应链模式下电商活动各参与者可以完成的工作

工 作	说 明
在线订货	企业通过 ERP 将产品目录与价格发布到订货平台上，经销商通过在线订货平台直接订货，并跟踪订单的后续处理状态，通过可视化订货处理程序，实现购销双方订货业务协同，提高订货处理效率和数据准确性。生产商或供应商接收经销商提交的网上订单，依据价格政策、信用政策和库存情况等对订单进行审核确认，后续则负责处理发货和结算事宜

续上表

工　作	说　明
经销商库存管理	经销商在网上确认收货，其库存自动增加，减少入库信息的重复录入，提升了经销商数据的及时性和准确性。经销商定期维护自己的出库信息，有助于掌握准确的库存信息，以更好地进行业务决策
在线退货	生产商或供应商通过在线订货平台接收经销商提交的网上退货申请，依据销售政策和退货情况等，对退货申请进行审核确认，通过在线订货平台实时查看退货申请的审批状态，有助于企业提高退货处理效率
在线对账	供应链中的各供需方通过定期从 ERP 系统自动取数，生成对账单，并将对账单批量上传到网上，经销商上网即可查看和确认对账单，能够有效提高供应链中各方的对账效率，加快资金的良性循环

更具体地说，电商供应链的主要功能包括计划、采购、入库物流、库存、配套运转协作、产品销售、出库物流、售后服务、退货和结算等。

电商供应链的运用，使得商流、信息流、资金流和物流有机统一，不再需要机械化地单独管理，用示意图来展示这"四流"在电商供应链中的关系，如图 5-1 所示。

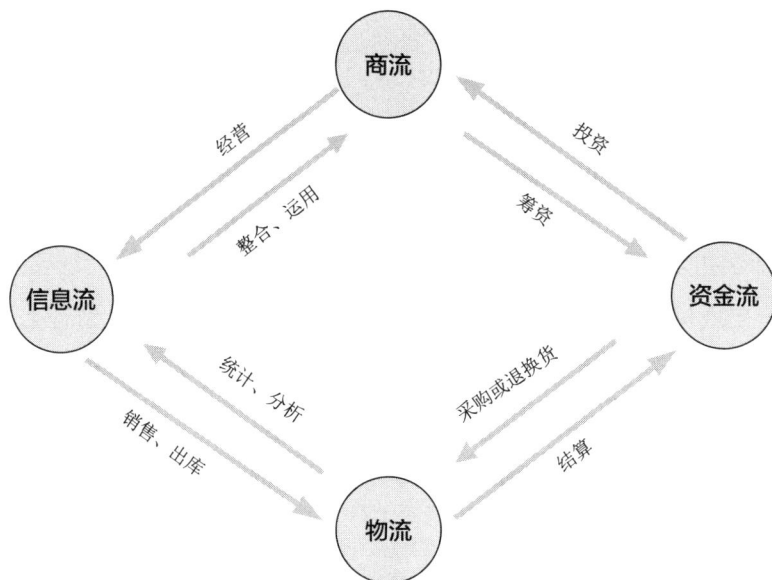

图 5-1　商流、信息流、资金流和物流在电商供应链中的关系图

商流是指物品在流通中发生形态变化的过程，即由货币形态转化为商品形态，以及由商品形态转化为货币形态的过程，它是电商供应链的运作动机和目的。

资金流是在营销渠道之间随着商品实物及其所有权的转移而发生的资金往来流程，它是电商供应链运作的条件。

物流是为了满足客户或消费者的需求而对商品、服务消费以及相关信息从产地到消费地的高效、低成本流动和储存进行的规划、实施与控制的过程，它是电商供应链的过程。

信息流，狭义角度指信息处理过程中信息在计算机系统和通讯网络中的流动，广义角度指人们采用各种方式实现信息交流，包括信息的收集、传递、处理、储存、检索以及分析等渠道和过程，它是电商供应链的手段。

在实际的电商活动中，这"四流"的运动方向并不会像图中那样界限分明，比如信息流可能贯穿于其他三个流中。

5.1.3 不同分类依据下的供应链类型

根据不同的划分标准，可以将供应链分为不同类型，通常有以下几种划分方法：

（1）根据范围不同划分

根据供应链范围不同，将其划分为内部供应链和外部供应链。

内部供应链。它指企业（包括电商平台、电商商家等）内部产品生产和流通过程中涉及的采购部门、生产部门、仓储部门和销售部门等组成的供需网络。

外部供应链。它指企业外部的，与企业相关的产品生产和流通过程中涉及的原材料供应商、生产厂商、储运商、零售商以及最终消费者组成的供需网络。

内部供应链实际上相当于外部供应链的前段，提供具体的产品和服务。

（2）根据复杂程度不同划分

根据供应链复杂程度不同，将其划分为直接型供应链、扩展型供应链和终端型供应链，直接型供应链基本结构如图 5-2 所示。

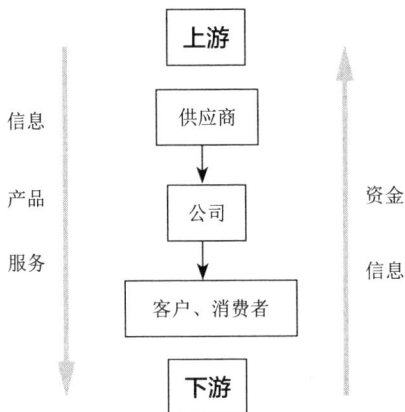

图 5-2　直接型供应链

扩展型供应链把直接供应商和直接客户的客户也包含在内，如图 5-3 所示。

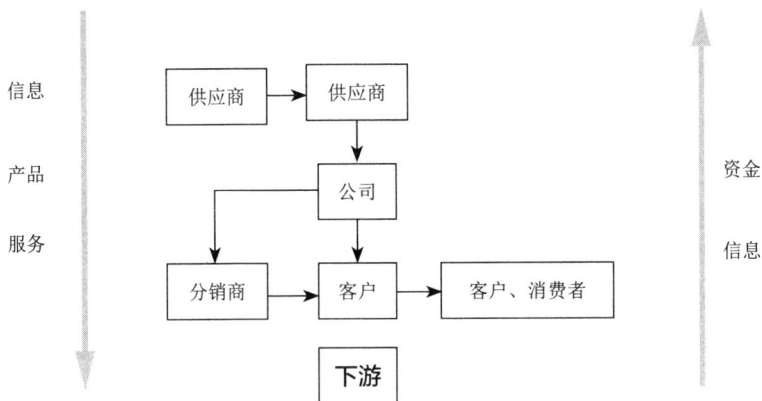

图 5-3　扩展型供应链

终端型供应链包括参与产品、服务、资金、信息从终端供应商到终端消费者的所有往上游和下游的流动过程的所有组织，如图 5-4 所示。

终端型的供应链由于涉及多条产品、服务、信息的传递子链，产品、服务、信息、资金等传递线路更多、更复杂，因此资金和信息的传递也不再仅限于从消费者→客户→公司→供应商→生产、制造商，也有可能从消费者→客户→生产、制造商，或者其他流动过程。

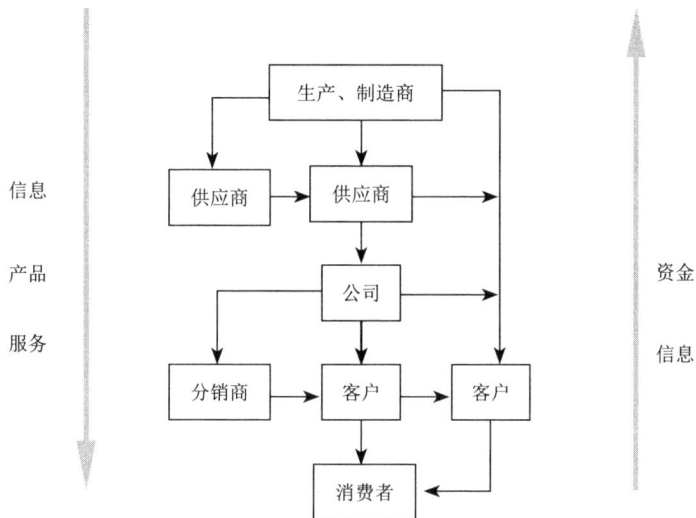

图 5-4 终端型供应链

（3）根据稳定性不同划分

根据供应链的稳定性特征，将其划分为稳定的供应链和动态的供应链。

稳定的供应链是基于相对稳定、单一的市场需求而组成的供应链，它的稳定性较强。

动态的供应链是基于相对频繁变化、复杂的需求而组成的供应链，其动态性较强，但相对管理更灵活。

（4）根据容量需求不同划分

根据供应链容量与用户需求的关系，将其划分为平衡供应链和倾斜供应链。已经形成的供应链，具有一定的、相对稳定的设备容量和生产能力（即所有节点企业能力的综合，包括制造商、供应商、运输商、分销商和零售商等），但同时，用户或消费者需求却处于不断变化的过程中。

当供应链的容量能满足用户或消费者需求时，供应链处于平衡状态，即平衡供应链。当市场变化造成供应链成本增加、库存增加、浪费增加时，各节点企业将不在最优状态下运作，供应链处于倾斜状态，即倾斜供应链。

（5）根据功能性不同划分

根据供应链的功能模式，将其划分为有效性供应链、反应性供应链和创新性供应链。

有效性供应链主要体现供应链的物理功能，即以最低的成本将原材料转化成零部件、半成品和产品，并在供应链中运输。

反应性供应链主要体现供应链的市场中介功能，即把产品分配到满足用户需求的市场，对未预知的需求作出快速反应。

创新性供应链主要体现供应链的客户需求功能，即根据最终消费者的喜好或时尚的引导，调整产品内容与形式，以期满足市场需求。

（6）根据企业地位不同划分

根据供应链中企业的地位，将供应链划分为盟主型供应链和非盟主型供应链。

盟主型供应链指供应链中某一节点企业在整个供应链中占据主导地位，对其他成员具有很强的辐射能力和吸引能力，通常称这样的企业为核心企业或主导企业。

非盟主型供应链指供应链中各节点企业的地位彼此差距不大，对供应链的重要程度相同。

5.2 准确把握供应链的基本结构

要做好供应链管理，必须要了解供应链的基本结构，它主要包括所有参与供应链运作的各节点企业、组织和商家等。

5.2.1 源头供应商

在传统供应链中，供应商主要是指给生产厂家提供原材料或零部件的企业。在电商行业，供应商不仅是给生产厂家提供原材料或零部件的企业，也可以是给自营电商供货的商家。

但不管是哪种情况，供应商几乎都作为供应链的源头，他们是向厂家、分销商和零售商等企业及其竞争对手供应各种所需资源的企业和个人，包括提供原材料、产品、设备、能源和劳务等。

供应商制定的原材料或商品的价格发生变化，或者提供的产品、服务等短缺，都会影响后续各节点企业、商家的产品价格与交货期，并会因此削弱后续企业、商家等与客户的长期合作与利益。

因此，无论是供应链中的哪一环，都需要对供应商的情况有比较全面的了解和透彻的分析。

根据《零售商供应商公平交易管理办法》的规定，供应商是指直接向零售商提供商品及相应服务的企业及其分支机构、个体工商户，包括制造商、经销商和其他中介商。

从电商行业实务工作角度看，供应商可以是农民、生产基地、制造商，也可以是代理商、一级批发商和进口商等。另外，处于供应链中间环节的二级批发商、经销商等也可能是供应链中的供应商，但是为了各方利益不受太大影响，在进行采购时，应尽量避免这些中间环节的供应商。

用一个简单的图示来理解供应商在供应链中所处的位置关系，如图5-5所示。

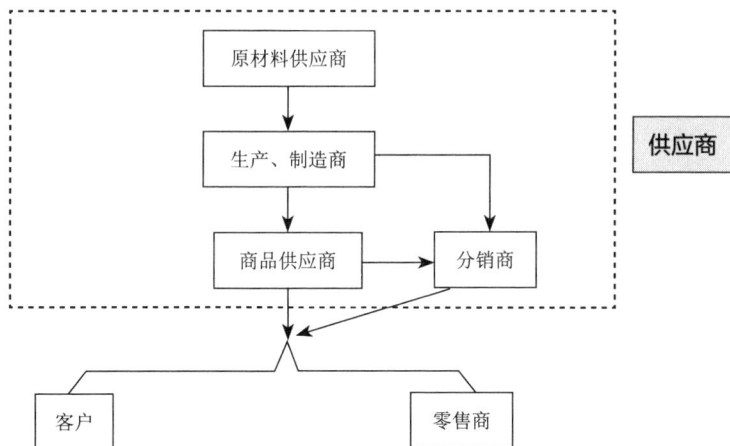

图5-5 供应商在供应链中的位置关系

5.2.2　生产产品的厂家

厂家即生产厂家，主要是一些制造业企业，负责产品生产、开发和售后服务等。

在整个供应链上，厂家可以作为一个单独的环节，同时，厂家也可能是供应商。比如电商行业中，厂家很可能作为电商平台或电商商家的供货方，此时，厂家的身份也可以是供应商。

由此可见，厂家是生产、制造商，也是供应商，主要负责生产并销售产品，提供服务。

要清楚认识的是，生产产品的厂家也可能作为采购方，向原材料供应商采购原材料、零部件，用于进一步生产产品。

而在电商行业，生产产品的厂家大多作为供应商，向自营电商、电商商家等提供产品，也有直接作为销售商，通过电商平台，销售自己产品的。厂家在供应链中的位置关系，大致如图 5-6 所示。

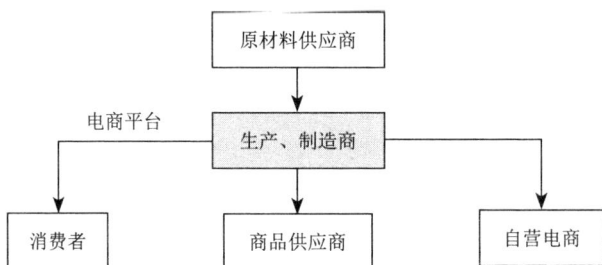

图 5-6　厂家在供应链中的位置关系

5.2.3　负责产品流通代理的分销商

分销企业在供应链中的主要身份为分销商，是为了实现将产品送到经营地范围内每个角落而设的产品流通代理企业，也是商品贸易中获得商品所有权的中间商。分销商通过购买取得商品所有权，再将产品转售出去。

因此，分销商需要承担各种风险，但同时也拥有价格决定权。分销商通常不会忠实于哪个生产商和出口商，他们最关心的是利润。

常见的分销方式包括经销、批发和零售等，详细介绍见表 5-2。

表 5-2　常见的分销方式

分销方式	简　　述
经销	是企业或个人为另一个企业或个人按照双方签订的经济合同销售商品的经济行为。如批发、零售、个体工商户按照经济合同为生产商销售商品，或者是各环节的商业企业之间按经济合同互相销售商品
批发	指将商品或服务售于那些为了将商品再出售或为企业使用的目的而购买的顾客时所发生的一切活动。比如，一家蔬果店向当地一家餐饮店出售蔬果，该蔬果店就是经营批发业务。 一般来说，生产、制造商不会作为分销商对外批发产品，零售商也不会是批发商
零售	指直接将商品或服务销售给个人消费者或最终消费者的商业活动，是商品或服务从流通领域进入消费领域的最后环节。在电商行业中，零售商通常是作为非个人消费者，参与到供应链的倒数第二个环节。很多零售商并不局限于电商采购这一渠道完成采购活动，他们还可能在线下的批发市场进货

分销商是完全独立的商人，与代理商不同，分销商的经营并不受分销企业和个人约束，他们可以为许多制造商分销产品。分销商介于代理商与经销商之间。

分销商与代理商的区别，见表 5-3。

表 5-3　分销商与代理商的区别

区　　别	分销商	代理商
代理品牌数量	一定是代理众多品牌	可以代理单一品牌，也可以代理多个品牌
相互关系	分销商不一定是代理商	代理商是分销商，同时也是经销商
实质	分销是一个销售方式	代理是一种委托代理关系
供应链中地位	是一个中转站，一家制造企业将产品委托中转站销售	是受制造企业授权，在一定区域、时间、终端等进行销售
包含关系	广义上包括代理商和经销商	是获得授权的分销商或经销商
实质	分销是一个销售方式	代理是一种委托代理关系
产品所有权	只做渠道，不做终端	对产品没有所有权，只向委托方收取佣金
授权范围	得到原厂授权，销售全线产品，代表厂家处理业务	得到原厂授权，销售部门产品，原厂会返利

从某种程度来说，经销商也是分销商的一种，但经销商不一定是代理商，关于分销商与经销商之间的区别，见表5-4。

表5-4　分销商与经销商的区别

区　　别	分销商	经销商
是否涉及终端	不会涉及终端，可能会压货，对资金需求量大	大部分业务都是面向终端展开的
授　　权	能在相关制造商处得到正式的授权，能销售制造商旗下的所有产品	只能拿到制造商的产品，不可能获得任何有关厂家的授权
产品宣传	不需要做任何的产品、品牌推广	必须进行产品、品牌推广

由此可见，从权利范围来看，分销商最大，代理商次之，经销商最小。从是否触及终端消费者看，分销商通常不会触及终端消费者，而代理商和经销商可能触及终端消费者。

知道了分销商与代理商、经销商之间的区别，那么分销商在供应链中的位置关系如何呢？如图5-7所示。

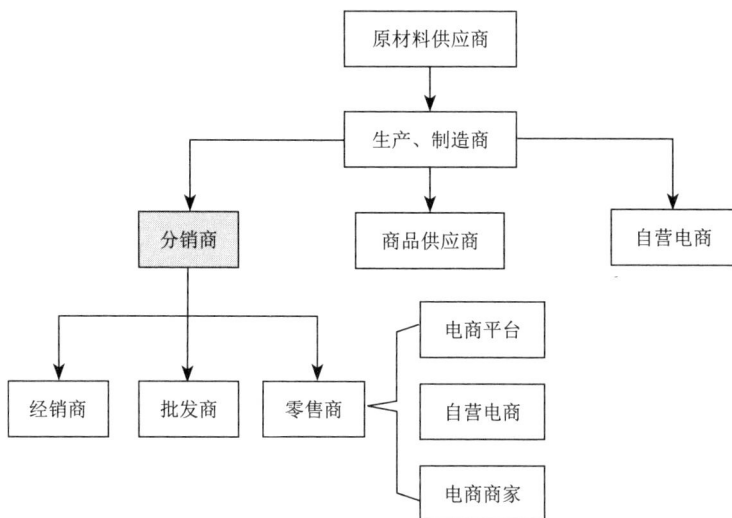

图5-7　分销商在供应链中的位置关系

知识扩展 *分销商与批发商的区别*

分销与批发是相对的。分销商是手里一般不押货，等了解到市场有需求，才从厂家进货来卖，一般拥有大量资金，可以承受长期的占押，如交货后两个月再付款。分销商一般由厂家指定，性质与代理商有一些相似，厂家出货只从分销商处出货。批发商则是不管有没有人买，先把货大批买进，再招人拿出去卖，或者自己向零售商出售。批发商的资金通常不是很多，经不起资金占用，常现款现结。批发商进货是没有限制的，只要有资金，就可以进货。

5.2.4 向消费者出售商品的零售商

根据《零售商供应商公平交易管理办法》的规定，零售商是指依法在工商行政管理部门办理登记，直接向消费者销售商品，年销售额 1 000 万元以上的企业及其分支机构。

相较于生产商和批发商来说，零售商处于商品流通环节的最终阶段，其基本任务是直接为最终消费者服务，其职能包括购、销、调、存、加工、拆零、分包、传递信息以及提供销售服务等，它是连接生产商、批发商和消费者的桥梁，在分销途径中具有重要作用。

零售商的形式主要包括四类，具体介绍如下：

（1）零售商店

零售商店又可以分为多种具体的形式，下面从各自的特点认识。

◆ 百货商店

百货商店指综合各类商品品种的零售商店，也包括百货商超，其特点主要有五个：①商品种类齐全；②客流量大；③资金雄厚，人才齐全；④重视商誉和企业形象；⑤注重购物环境和商品陈列效果。

例如，各种大型超市、大型便利店、食杂店和百货店等。

◆ 专业商店

专业商店指专门经营某一类商品或某一类商品中的某一个品牌的商店，主要突出"专"，其特点有三个：①品种齐全；②经营富有特色、个性；

③专业性强。

例如，××玩具店、××金饰店、××服装店和××食品店等。

◆ 超级市场

超级市场是以主副食及家庭日用商品为主要经营范围，实行敞开式售货，顾客自我服务的零售商店，其特点也有三个：

①实行自我服务和一次性集中结算的售货方式。

②薄利多销，商品周转快。

③商品包装规格化、条码化，明码标价，并注有商品的质量和重量。

超级市场与百货商店类似，但范围比百货商店更大一些，超级市场可能还会涉及生鲜食品的售卖。例如，永辉超市、华润万家、北京华联集团和上海百联集团等。

◆ 便利商店

便利商店是靠近居民生活区的小型商店，其特点如下：

①营业时间长。

②以经营方便品、应急品等周转快的商品为主，并提供相关服务，如饮料、食品、日用杂品、报刊杂志和快递服务等。

③商品品种有限，价格较高。

④便民，受到消费者的青睐。

例如，××生活超市、××便利超市、××小超和××副食店等。

◆ 折扣商店

折扣商店是指以低价、薄利多销的方式销售商品的商店，其特点有四个：

①设在租金便宜但交通繁忙的地段。

②经营商品品种齐全，多是知名度高的品牌。

③设施投入少，尽量降低费用。

④实行自助式售货，提供服务较少。

◆ 仓储商店

仓储商店是折扣商店的一种，以零售的方式运作批发，又称量贩商店，这类零售商店通常采取会员制销售来锁定顾客。

最具代表性的是 SHV 集团的万客隆（Makro），它多建于城市郊区的城乡接合部，并附设停车场。

◆ 综合商店

综合商店是指经营多类商品的零售商店，其特点是经营品种较多，规模不大，分布较广，有时也称之为杂货店，与便利商店类似。

◆ 样品目录陈列室

样品目录陈列室是将商品目录和折扣原则应用于大量可选择的毛利高且周转快的有品牌商品的销售。

样品目录陈列室实际上有隶属的零售商，很少被单独作为零售商看待。

◆ 自动售货机

自动售货机是非常小型的零售商，它只提供各种商品，不向消费者提供实际的服务，消费者完全自助式消费。

◆ 流动售货

流动售货主要是依靠流动销售方式销售货品，通常运用流动售货车，在不固定地点销售商品。

（2）无店铺零售

无店铺零售主要有四种类型，见表5-5。

表5-5　无店铺零售的四种类型

类型	说　　明
上门推销	企业销售人员直接上门，家家户户逐个推销，例如雅芳公司
电话、电视销售	利用电话、电视作为沟通工具，向顾客传递商品信息；顾客再通过电话直接订货，零售商送货上门
自动售货	主要是指自动售货机销售商品
购货服务	主要服务于学校、医院和政府机构等大单位特定用户

（3）联合零售

联合零售主要是指不同的零售商合作进行零售，其主要形式有四种：

批发联号。批发联号通常是中小零售商自愿参加批发商的联号，联号成员以契约作联结，明确双方权利和义务，批发商获得忠实客户，零售商按比例在批发联号内进货，可以保证供货渠道。

零售商合作社。零售商合作社主要是由一群独立的零售商按照自愿、互利互惠原则成立的，以统一采购和联合促销为目的联合组织的零售组织。

消费合作社。消费合作社是由社区居民自愿出资成立的零售组织，实行民主管理，这种零售商店按低价供应社员商品，或制定一定价格，社员按购物额分红。

商店集团。商店集团是零售业的组织规模化体现，是在一个控股公司的控制下包括各行业的若干商店，一般采用多角化经营。

（4）零售新业态

零售新业态主要包括五个方面，简单介绍见表5-6。

表5-6　零售新业态

零售新业态	说　　明
连锁商业	指众多的、分散的、经营同类商品或服务的零售企业，在核心企业（连锁总部）的领导下，以经济利益为连接纽带，统一管理，实行集中采购和分散销售，以规范化的经营管理，实现规模经济效益 例如，万达广场、龙湖天街等
连锁超市	是连锁商业形式和超级市场业态两者的有机结合，主要经营大众商品，其中70%为百货，30%为食品 例如，红旗连锁、永辉超市等
特许经营	是一种根据合同进行的商业活动，体现互利合作关系，一般是由特许授予人按照合同要求，给予被授予人（或称加盟者）的一种权利，允许被授予人使用特许授予人已开发出来的企业商标、商号、经营技术、诀窍以及其他工业产权
商业街	是由经营同类的或异类的商品的多家独立零售商店集合在一个地区，形成的零售商店集中区，或者集购物、休闲和娱乐综合功能的商业街
购物中心	由零售商店及其相应设施组成的商店群体，作为一个整体进行开发和管理，通常包括一个或多个大的核心商店，并有许多小商店环绕，有庞大的停车场设施

零售商在供应链中的位置关系如图 5-8 所示。

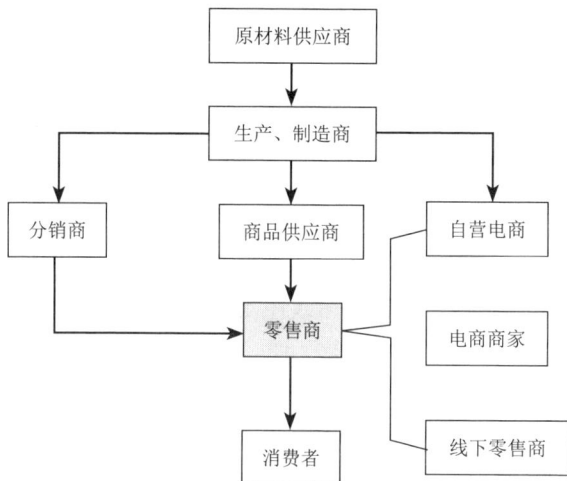

图 5-8 零售商在供应链中的位置关系

无论是分销商、经销商、代理商，还是零售商，这里的"商"可能是企业，也可能是个体工商户，但分销商中个体工商户的情况较少。

5.2.5 消费者是供应链管理中的最后一环

消费者是供应链的最后环节，也是整条供应链的唯一收入来源。

根据《中华人民共和国消费者权益保护法》第一章第二条第一款的规定：消费者为生活消费需要购买、使用商品或者接受服务，其权益受本法保护。消费者是指为满足生活需要而购买、使用商品或接受服务的，由国家专门法律确认其主体地位和保护其消费权益的个人。

通俗点讲，消费者就是自然人个人。无论是工厂生产产品，还是各种分销商、经销商和代理商销售商品，目的都是将产品转移到消费者手中，并从消费者手中获取产品的销售收入。

产品到了消费者手中，一般不会再在流通领域流转，而是被消费者使用，所以称消费者是供应链管理中的最后一环。

那么，怎样判断供应链中的某个环节属于消费者呢？主要依据以下几点：

①消费者中的"消费"应是公民为了生活目的而进行的消费，如果消费的目的是用于生产，则做出消费行为的人不属于消费者。

②消费者应是商品或服务的受用者。

③消费者消费的客体既包括商品，也包括服务。

④消费者中的"消费"主要指个人消费，有时也包括单位或集体，只要是用于生活消费的，都属于消费者的消费。

然而，从经济领域出发理解，认为凡是在消费领域中，为了生产或生活目的消耗物资的人，无论是自然人还是法人，无论是生活类消费者还是生产资料类消费者，都属于消费者之列。

根据《中华人民共和国消费者权益保护法》的规定可知，消费者享有的权利见表5-7。

表5-7　消费者享有的权利

权　利	说　明
安全权	包括人身安全权和财产安全权，人身安全权指生命健康权不受损害；财产安全权指消费者购买、使用的商品或接受的服务本身的安全，包括除购买、使用的商品或接受的服务之外的其他财产安全。为了能行使安全权，消费者有权要求经营者提供的商品或服务符合保障人身、财产安全的要求
知情权	指消费者在购买、使用商品或接受服务时，知悉商品或服务的真实情况的权利。 "知情"包括两层含义：①消费者在不明了的情况下有权主动询问，了解其所购买、使用商品的真实情况；②平台或商家向消费者提供的商品或服务应真实记载或说明有关商品或服务的情况，在不经消费者询问的情况下就能一目了然 "真实"也有两层含义：①有关商品或服务的情况要全面正确，既不避实就虚，也不编造谎言；②关于商品或服务的情况，卖家要诚实可信、不带任何欺诈行为
自主选择权	指消费者有权根据自己的消费愿望、兴趣爱好和需要，自主地选择商品或服务
公平交易权	①消费者有权获得公平交易条件，如有权获得质量保障、价格合理、计量正确等交易条件；②消费者有权拒绝经营者的强制交易行为，如强迫消费者购物或接受服务，强迫搭售等
求偿权	指当购买、使用商品或接受服务的受害者遭到人身伤害或财产损害时，有权要求卖家赔偿的权利
结社权	指消费者享有依法成立维护自身合法权益的社会团体的权利。在我国，消费者社会团体主要是中国消费者协会和地方各级消费者协会

续上表

权 利	说 明
获得有关知识权	指消费者获得有关知识的权利，尤其是获得消费者权益保护方面的知识，可以在消费者的合法权益受到侵害时，有效地寻求解决消费纠纷的途径并及时获得赔偿
受尊重权利	在市场交易过程中，人格尊严受到尊重，是消费者应享有的最基本的权利，包括消费者的姓名权、名誉权、荣誉权和肖像权等
监督权	消费者享有对商品和服务以及保护消费者权益工作进行监督的权利，具体表现为：有权检举、控告侵害消费者权益的行为，有权检举、控告消费者权益的保护者的违法失职行为，有权对保护消费者权益的工作提出批评、建议

5.3 电商时代的供应链发展前景

随着电子信息技术的不断发展，人们对网络的运用日益纯熟，供应链领域也在广泛地运用大数据和人工智能等技术，在未来，电商行业的供应链管理会越来越趋近电子化、信息化、可视化。

5.3.1 电商运营需要可视化的供应链

可视化是指利用计算机图形学和图像处理技术，将数据转换成图形或图像在屏幕上显示出来，再进行交互处理的理论、方法和技术。那么，电商运营中，可视化的供应链是什么样子呢？

供应链实现可视化，简单理解就是供应链管理数据的可视化。而根据不同阶段的数据需求，又可以从实时数据可视化、历史数据可视化和未来数据可视化的方面出发达成供应链可视化的目标。

在整个供应链管理中，实时数据包括设备数据、产品数据、订单数据、物流数据和仓储数据等，这些数据都可实时获取，通过可视化，就可以让数据更生动，彼此之间的衔接更紧密。历史数据包括当期以前一定时间段内的电商数据，如果这些数据达到可视化，就可以帮助企业、平台或商家贯穿经营前后期的经营状况，从而做出后期的、正确的经营决策。未来数据则是包括当期以后一定时间段内的电商数据，这些数据的可视化，将有利于电商企业、平台和商家形象地掌握未来电商发展情况，帮助调整和优化采购及销售计划。

如果从供应链管理中的各方以及环节出发，理解可视化的对象，则包括需求的可视化、计划的可视化、组织内部可视化以及供给的可视化。

①需求的可视化包括需求预测可视化、需求交付可视化以及买家动态可视化。与需求有关的数据信息达到可视化，就能准确把握消费者需求，从而帮助商家选品和作出正确的销售策略。

②计划的可视化包括需求计划的可视化、历史采购计划的可视化以及计划执行状况的可视化等。与计划有关的数据信息达到可视化，就能让参与电商的各方明确自己的计划安排，从而减小偏离计划的概率，更好地控制经营成本。

③组织内部可视化主要指企业、平台等内部各部门之间的数据信息可视化，或者是商家内部各负责人或负责组之间数据信息可视化。组织内部数据信息达到可视化，不仅能提高工作效率，还能拉近各方距离，减少不必要的经营浪费和错误。

④供给的可视化包括供应商信息的可视化、存储信息的可视化以及设备状态的可视化等，这些数据信息达到可视化，能有效连接供应方与消费者的关系，精简商品或服务的流转过程，提高物流速度，保证有货可发、有货及时发、有货可供退换以及有货应对紧急需求等。

总之，供应链的可视化，要达到从文档可视化→业务过程可视化→KPI 绩效可视化的效果。

5.3.2　不可不知的供应链的四个流程

供应链的四个流程，实际上是四个方面的流通过程，即物资流通、商业流通、信息流通和资金流通。

（1）物资流通

物资流通的过程主要是指物资、商品、服务的流通过程，是一个发送货物的程序，该流程的示意图如图 5-9 所示。

图 5-9 物流流通流程示意图

无论是电商行业还是传统的销售，所有经营活动都围绕产品实物展开，因此物资流程被广泛重视。

（2）商业流通

商业流通的过程是买卖的流通过程，即接受订货、签订合同以及交付实物等的商业流程。在该流程中，商业的流动呈双向性，即在供货商与消费者之间形成双向流动。

这一双向流动过程如图 5-10 所示。

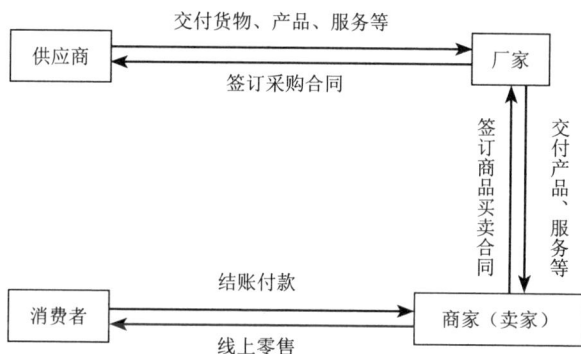

图 5-10 商业流通双向流动示意图

从供应商到消费者，实现的是供货业务的转移；从消费者到供应商，实现的是资金的转移。

（3）信息流通

信息流通的过程是商品和交易信息的流程，该流程的方向也是在供货商与消费者之间的双向流动，如图 5-11 所示。

由于供应链中的消费者通常指个人消费者，因此消费者与供应商之间实际上没有直接的信息流通关系。

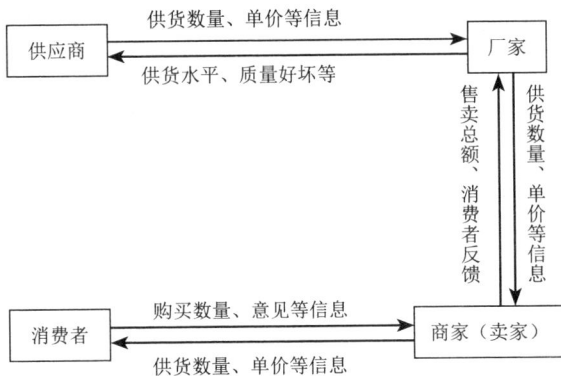

图 5-11　信息流通双向流动示意图

（4）资金流通

资金流通是货币流通的过程。在供应链上各节点的企业或商家，都会为了保障自己的业务正常运作，积极采取措施确保资金及时回收。在该流程中，资金流通方向由消费者经零售商、批发与物流、厂家等，最终流向供货商，如图 5-12 所示。

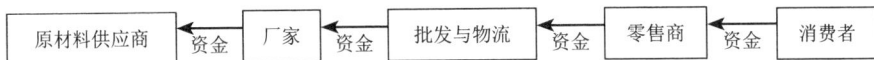

图 5-12　资金流通流程示意图

5.3.3　供应链构建过程中的要点

对于电商行业来说，企业与企业之间的竞争，以及商家与商家之间的竞争，更多的是供应链的竞争，因此，供应链的构建工作非常重要。下面就来看看供应链构建的要点。

◆ 客户市场大小

构建供应链时，电商平台、电商商家或电商企业要考虑自己的客户属于小众市场还是大众市场，市场活力是短暂的还是持久的。

客户市场的不同，最终确定的目标消费群体就会不同。

◆ 满足客户需求

电商参与者是为了满足客户的隐性需求还是显性需求，是满足当下需求还是未来需求。

针对不同的客户需求，商家、平台等会确定不同的供应商。

◆ 需要的核心资源和关键流程

无论处于电商供应链的哪个节点，商家、平台、企业都需要考量自身发展时需要哪些核心资源，会经历哪些关键流程等。比如通过什么渠道与客户进行接触并建立何种客户关系，如何通过细分客户来获得收入来源等。

通过明确经营所需的核心资源和关键流程，商家、平台、企业就可以大致确定自己的上下游关系，为构建供应链做好框架设计。

5.3.4 积极做好供应链的优化工作

供应链的优化问题由决策变量、目标函数和约束条件组成。

决策变量即需要作的决策，物流中的决策变量有何时、何地从供应商订购产品，何时把产品交付给消费者等。

目标函数是经济上或其他方面所要达到的目标，如物流中的目标函数有利润最大、供应链成本最低、经营周期最短、消费者服务质量最高以及延误最短等。

约束条件即变量必须满足的条件，如物流中的约束条件有供应商供货、配送中心处理收据等能力。

供应链的优化包括四种方法，见表5-8。

表5-8 供应链优化的4种方法

方 法	简 述
基于规则的系统	主要通过控制来优化供应链，基于规则的系统能控制几百甚至几千个规则，当系统改变，促使规则改变
线性规划	主要优化供应链中资源分配问题
约束传播	受约束条件的影响，每个约束都有一定的变量范围，如供应商供货这一约束条件发生改变，就相应地改变何时、何地从供应商处订购商品这一变量的范围，或者改变何时将产品交付给消费者这一变量范围
遗传算法	通过改进已有的解（这里指供应链结构）找出最优解，这种方法尤其适合那些约束条件和目标函数比较复杂的问题

第6章

物流管理是电商运营的重点

物流管理在电商行业中是连接商家与消费者的必要桥梁，没有物流管理，商家就无法向消费者发出商品，消费者也就无法收到在网上订购的产品，所以物流管理是电商运营的重点，它包括运输、配送等主要工作内容，需要商家时刻关注物流进度，保证消费者能收到完整的商品。

6.1　困扰电商商家的诸多物流问题

物流管理是电商商家经营过程中一项重要而大范围的管理工作，不仅从供应商处采购商品会涉及物流管理，将商品送到消费者手中也会涉及。在管理过程中，经常有一些物流问题困扰商家，下面来认识一下。

6.1.1　怎么定义商品的发货时间

很多人一看到发货时间，都会下意识认为是某个时间点，但是，在电商行业，由于从买家在网上下订单到商家在线下联系物流公司揽件并发货，这一过程并不是在一个时点就能完成的，它需要一段时间。

也就是说，从买家付款成功到物流公司揽件成功的这段时间，就是电商行业中所称的发货时间。常见的如商家直播间卖货时承诺消费者（买家）24 小时内发货，或者 48 小时内发货等，这些就是发货时间。

由此可见，发货时间越快、越短，就越有利于电商商家在电商平台上的评分，也更容易获得消费者的喜爱和认可。

但是，在实际运营过程中，发货时间可能无法由商家独自决定，它还受到物流公司工作时间规定以及发货规则的影响。要想缩短发货时间，并非商家一己之力就能完成，因此，提高发货效率就成了商家在物流管理方面的难题。商家需要根据自身经营情况，对物流信息和仓储信息进行整合、优化，争取在买家付款成功后的第一时间准备好产品并完成发货。

实务中，物流运输公司的工作人员并不是一天 24 小时都上班，因此买家购买的商品并不能在任意时间发货，换句话说，只能在物流运输公司的工作人员上班期间可以处理发货业务。所以很多买家在凌晨及以后下单购买的商品，就不能第一时间发货，需要等到当天物流公司工作人员开始上岗工作时才能处理。

而且商家进驻电商平台后，发货时间还可能受到电商平台对发货规则的约束。比如以淘宝网为例，不同的销售情况对应不同的发货时间。

◆ **普通商品：** 如果没有设置发货时间，商家通常需要在 72 小时内发货。如果已经设置了发货时间，要根据发货时间发货。

◆ **定制、预售及适用特定运输方式的产品**：需要按照销售活动约定的时间发货。

◆ **活动产品**：需要根据商家开展的活动要求确定发货时间。

电商商家不能无故拖延发货时间，只有在遇到重大节假日，物流公司的业务量显著增大时，客观导致商品揽件和发货时间延长，商家才能在如实告知买家的情况下延迟发货。如果在告知买家物流业务量大可能会延迟发货后，买家决定不再等待，商家此时也不能强求买家而自行发货，应根据买家的要求进行退货处理。

那么，电商商家需要更改发货时间时，应如何更改呢？下面以淘宝网为例介绍相关操作。

实操范例 淘宝商家如何修改发货时间

进入淘宝网首页，登录店铺对应的淘宝账号，单击页面上方的"千牛卖家中心"按钮，如图 6-1 所示。

图 6-1　淘宝商家修改发货时间（1）

进入卖家中心页面，单击页面左侧的"交易"选项卡，单击"物流管理"按钮，在弹出的下拉列表中选择"物流工具"选项，如图 6-2 所示。

在页面右侧单击"物流基础工具"超链接，如图 6-3 所示，进入物流服务页面。

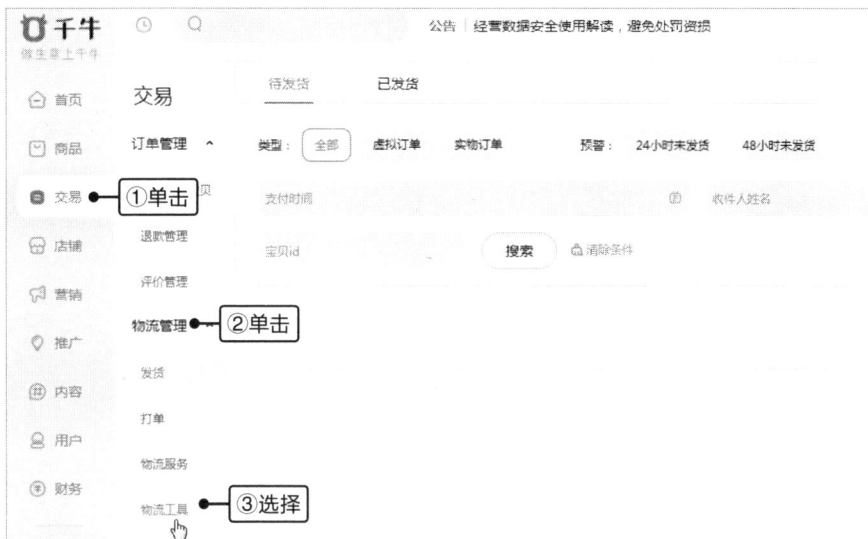

图 6-2 淘宝商家修改发货时间（2）

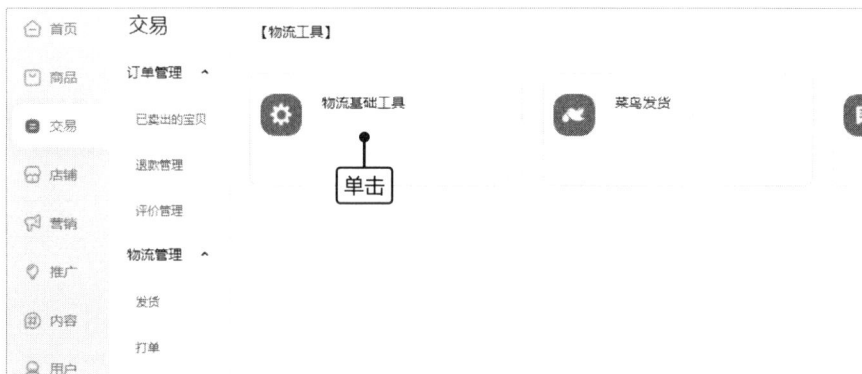

图 6-3 淘宝商家修改收货时间（3）

在页面中单击"运费模板设置"选项卡，如图 6-4（左）所示。在"我的运费模板"表格中单击"修改"按钮，如图 6-4（右）所示。

在"修改运费模板"栏目下就可以看到与运费相关的内容，单击"发货时间"数据框右侧的下拉按钮，在弹出的下拉列表中选择需要的发货时间，如图 6-5（左）所示。完成修改后，单击页面左下方的"保存并返回"按钮，即可完成发货时间的修改，如图 6-5（右）所示。

图 6-4　淘宝商家修改发货时间（4）

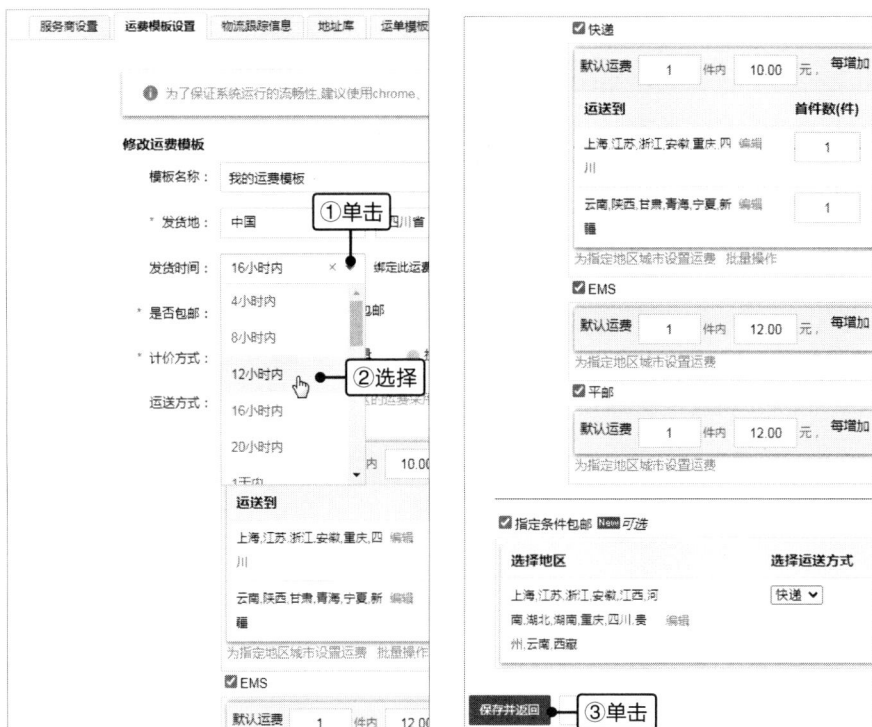

图 6-5　淘宝商家修改发货时间（5）

6.1.2　如何权衡确认收货时间与到款时间的差异

电商交易中，确认收货时间为买家在网购平台上点击"确认收货"按钮完成收货的时间。而商家的到款时间是第三方结算中心将买家支付的货款划到商家账户的时间。

很显然，在买家确认收货到商家收到货款之间，存在一个时间段，即从第三方结算中心接收到买家确认收货指令起到将买家支付的货款划入商家账户为止。

权衡确认收货时间与到款时间的差异，不仅要尽可能缩短确认收货时间与到款时间的时间差，还需要采取合法、有效的措施缩短买家的确认收货时间，这样商家的资金可以尽快回笼，并进行下一周期的销售交易。因为只有买家确认收货后，款项才可能进入商家账户，所以确认收货时间一旦延迟，就会延长款项进入商家账户的时间。

但是，如果买家在规定的期限内没有确认收货，平台系统会自动确认收货，并按照规定将货款划给商家。

下面就对不同的销售情形中，确认收货时间与到款时间的权衡作简要分析与说明。

（1）虚拟产品

虚拟产品是指不具有实物形态，在网上发布时默认无法选择物流运输的商品。在电商行业中，虚拟产品有自动充值产品、计算机软件、电子书、虚拟云盘以及游戏装备等。

一般来说，自动充值产品在买家完成付款后，电商平台就会立即自动确认收货并向商家划款。而其他虚拟产品，会从已发货状态起一定时间后，由电商平台自动确认收货并向商家划款，这里的"一定时间"可以是 24 小时，也可以是 3 天，还可以是其他时间段。

由此可见，商家销售虚拟产品时，不需要买家手动确认收货，就可以在一定时间后收到第三方结算中心的打款。

（2）实物产品

实物产品与虚拟产品相对，是指具有实物形态，在网上发布时默认需要选择物流运输的商品。比如服装、首饰、鞋帽、家具、家电、食品、电子产品以及美妆产品等。

实物产品的销售，需要借助物流管理来完成对买家的销售服务，让买家能真切地收到其购买的、实实在在的产品。

电商行业中，实物产品的运输方式就是快递，比如顺丰、邮政 EMS、圆通、中通、申通、韵达及极兔等；大件商品会通过大型物流运输完成，如德邦物流、京东物流等。

由于实物产品在销售过程中，买家最终会收到产品，因此电商平台给了买家自行手动确认收货的机会，但最长时间为 7 天。如果物流管理系统显示买家所购买的商品已经到户派件，而买家在到户派件后 7 天内没有手动确认收货，电商平台也会在 7 天这一期限届满后为买家自动确认收货，并在规定的时间内将货款划入商家账户。

由此可见，除了自动充值产品等可以由电商平台自动确认收货并立即向商家划款外，其他电商产品在销售过程中，确认收货时间与商家到款时间之间都或多或少存在时间差。为了使得商家尽快拿到钱，就需要买家尽快完成确认收货操作。

6.1.3 怎么有效解决物流慢的问题

在电商行业中，物流慢主要从两个方面体现，一是发货时间较长；二是到货时间较长。具体的情况如下：

（1）发货时间长但到货时间可能不长

在买家完成网上下订单并支付成功后，一直到商家联系物流公司揽件发货，这段时间为发货时间，如果这段时间较长，也能反映物流管理速度较慢，物流公司的工作人员无法在接到商家物流运输指示时揽件。但是，考虑产品在运输过程中速度可能较快，所以发货时间长不代表到货时间就长。

比如，物流公司 A 在接收到商家的物流运输服务申请后的 18 小时才揽件发货，而中途运输过程只耗费了 48 小时（两天两夜），总共耗费 66 小时。而物流公司 B 在接收到商家的物流运输业务申请后的 12 小时就揽件发货了，但在中途运输过程中却耗费了 56 小时，总共耗费 68 小时，到货时间比物流公司 A 负责运输的到货时间晚两个小时。

这种情形下的物流慢，主要是发货时间较长。要有效解决该问题，就需要商家与物流公司进行详细的协商，尽可能缩短发货时间；同时商家也要配合物流公司，在合适的时间向物流公司申请物流运输服务。

（2）发货时间不长但到货时间长

由于物流运输在途中可能会出现各种意外状况，如配送时遇车流量大，或者配送人员晚间休息不运送货物等，这些都会导致买家所购买的商品在运输途中耽搁很多时间，因此就可能导致发货时间很短，但到货时间却很长的情况。

比如，物流公司 A 在收到商家的物流运输服务申请后的 12 小时就揽件发货，中途运输过程也只消耗了 48 小时，总共耗费 60 小时。而物流公司 B 也在收到商家的物流运输服务申请后的 12 小时就揽件发货，但在中途运输时却因为各地配送中心的地理位置以及配送中心的数量问题等，耗费了 54 小时，总共耗费 66 小时，到货时间比物流公司 A 负责运输的到货时间晚了 6 个小时。

这种情形下的物流慢，主要原因是物流公司对各地配送中心地理位置的选取以及配送中心数量的设计存在相对不合理性。

要有效解决这类问题，就需要物流公司自身提高自己的物流管理能力，合理设置各地配送中心的地理位置，科学规划配送中心的数量。如果物流公司实在无法克服自己在物流配送环节的不足，商家就需要另外寻找物流管理水平更高的物流公司进行合作。

（3）发货时间长且到货时间也长

发货时间长且到货时间也长，可能是发货时间长引起的，也可能是运输过程耗用较长时间引起的，还可能是发货时间和运输时间都较长引起的。

如果是发货时间长引起到货时间长，则处理办法可参考发货时间长但到货时间不长的处理办法。

如果是运输过程耗用较长时间引起到货时间长，处理办法参考发货时间不长但到货时间长的处理办法。

如果是发货时间和运输过程耗用时间都较长，从而引起到货时间长，就需要商家及时与物流公司联系，寻找发货时间长和运输过程耗用时间长的原因。最终的处理办法显然是要结合运用，即想办法尽早发货，同时采取措施缩短运输途中耗用的时间。

换句话说，既要加快物流公司的揽件速度，又要提高物流公司的物流管理水平，提高配送速度和质量。比如，可以在成本计划范围内多增设物流配送中心，或者将物流配送中心设置在交通便利的位置。同时，商家也要在查看到买家下单付款成功后第一时间通知物流公司，物流公司再根据自身的物流配送规则，及时揽件发货。

总之，要有效解决物流慢的问题，商家与物流公司都要出谋划策，通力合作，不要推卸责任。

6.1.4 如何降低快递成本

商家与物流公司合作，是为了将消费者购买的产品送到其手中。然而，物流公司也是营利性组织，与商家之间的合作需要收取快递费用，有时，商家不包邮的情况下，还会向买家收取运费。

那么，对于商家来说，如何才能降低快递成本，从而增大自己的盈利空间呢？比较常用的技巧和措施如下：

◆ 货比三家

不同的物流公司，其快递的价格策略是不同的，对应的物流服务质量也会有差别。虽然需要尽可能降低快递成本，但也不能找服务质量差的物流公司，否则在运输过程中对买家购买的商品造成坏损，会面临赔偿，得不偿失。

因此，商家可以货比三家，将不同物流公司的快递价格进行对比，选择价格适宜且服务质量好的物流公司合作。

◆ 以出货量获取物流公司的便宜价格

对于物流公司来说，在一定时期内，商家的出货量越大，物流公司就能更集中地安排物流配送服务，相应地就会减少物流运输成本，此时商家再与物流公司协商更便宜的价格，就可能成功。对商家来说，也可以降低快递成本。

而且，商家出货量越大，快递人员配送量也就越大，这也关系着快递人员的工资水平，这样就会促使快递人员提高配送速度。对物流公司来说可以从时间上节约成本，这样物流公司也就有快递价格调整空间，有了向商家提供便宜快递价格的可能性，商家也可以从中降低快递成本。

◆ 商家从快递包装入手

有一些快递公司会为商家提供免费的塑料包装袋，商家选择这样的快递公司进行合作，就可以节省一部分产品包装费。但是，因为这些塑料包装袋无法对商品起保护作用，因此，如果商家经营的是易碎或易损坏的商品，就不适合采用这种方法来降低快递成本。

◆ 收集采购时的包装材料二次利用

商家在向供应商购买产品时，通常都会有包装材料，如纸壳、箱体等，商家可以把这些材料收集起来，在销售产品并进行包装时二次利用，这样也能节省一部分包装费用。

◆ 购买物流运输套餐

像一般的餐饮服务以及其他一些服务，购买者通过选择套餐的方式，也能节省成本，商家与物流公司也可以这么合作。商家可以通过与物流公司签订合作协议，根据自身实际经营情况和出货情况，选择比较划算且合适的物流运输套餐，同样可以降低快递成本。

◆ 物流合作关系匮乏的快递成本降低方法

规模较小或者刚进入电商行业的商家，其物流合作关系还比较匮乏，此时要想降低快递成本就会很困难，因为商家出货量少，很少有物流公司愿意给商家便宜的快递价格。

在这样的情况下，商家可以选择一些大众的、收费偏低的、服务全面的快递公司，或者通过一些实用的应用软件自行下单发快递。如菜鸟裹裹，它是阿里巴巴旗下菜鸟网络提供快递服务的应用软件，提供寄快递、查快递和取快递等功能服务，支持菜鸟 App、手机淘宝 / 支付宝以及微信搜索。在菜鸟裹裹小程序下单预约，商家提交地址，快递员 2 小时内上门取件，也可以在线下智能寄件机或快递点到站寄件，快递费会稍微便宜一些。

◆ 与其他电商商家合作发货

小规模的电商商家们，可以通过合作，以某一个商家的名义向买家发货，这样一来，各商家就可以回避自己出货量小的弊端，同时还能找到合作的物流公司，以尽可能便宜的价格发货。

◆ 运用现代化的信息管理系统

电商行业中的物流环节有很多变动因素，使得商家和物流公司无法实现物流配送工作的最优化控制。对此，商家和物流公司可以运用现代化的信息管理系统，一方面可以使各种物流作业或业务处理得更准确、迅速；另一方面也可以通过信息管理系统的数据汇总，对物流数据进行预测分析，为以后快递成本的控制奠定基础。

6.2　与第三方物流公司的合作

很多电商商家都会选择与第三方物流公司合作，完成快递服务，将产品确确实实送到买家手中，在与第三方物流公司合作时，有一些信息和问题需要注意。

6.2.1　掌握常见物流公司的大致信息

要选择合适的物流公司为自己提供物流配送服务，商家首先需要大致了解各常见物流公司提供服务的相关信息，如服务时间、服务范围、坏件率、丢件率以及支付结算方式等。

（1）中国邮政速递物流

中国邮政速递物流（即中国邮政速递物流股份有限公司）是经国务院批准，由中国邮政集团公司作为主要发起人，在 2010 年 6 月发起设立的股份制公司，是中国经营历史最悠久、网络覆盖范围最广的快递物流综合服务提供商。

中国邮政速递物流主要经营国内速递、国际速递和合同物流等业务，其中，国内、国际速递服务涵盖卓越、标准和经济不同时限水平及代收货款等增值服务；合同物流涵盖仓储、运输等供应链全过程。

中国邮政速递物流拥有享誉全球的 EMS 特快专递品牌和国内知名的 CNPL 物流品牌，它为社会各界客户提供方便快捷、安全可靠的门到门速递物流服务，综合服务能力很强，但与其他物流公司相比，也有明显的优势和不足之处。

优势。中国邮政速递物流范围广，遍布全国，有非常多的自营网点，可以到县、乡，可靠性和安全性都比较高。

不足。保费相对较高，且物流速度较慢一些。

适用范围。重要纸质信件、节假日寄件等。

（2）EMS

EMS 即 express mail service，是邮政特快专递服务，是由万国邮联管理下的国际邮件快递服务，在中国境内是由中国邮政提供的一种快递服务。而万国邮联是万国邮政联盟的简称，是商定国际邮政事务的政府国际组织，其前身是 1874 年 10 月 9 日成立的邮政总联盟，1878 年改为现名。

那么，中国邮政速递物流与 EMS 究竟是什么关系呢？实际上 EMS 在中国提供的快递服务，由中国邮政速递物流负责；而中国邮政速递物流也算是 EMS 物流服务中的一个参与者。两者之间存在明显的区别，见表 6-1。

表 6-1 中国邮政速递物流与 EMS 的区别

区别项目	中国邮政速递物流	EMS
通达范围	只是全国性的，即中国邮政速递物流只接受中国国内的物流运输业务	是全球性的，即只要与寄达关联国签订了相关协议，都可以提供 EMS 服务
时限	与普通物流类似，没有时限承诺	是限时服务，对所寄邮件有时限承诺，如次晨达、次日达、隔日达和 3 日达等，超出时限，就需要向消费者承担赔偿责任
资费	收费更低	根据不同地区和邮寄物品种类，以物品重量分别计费，收费更高

续上表

区别项目	中国邮政速递物流	EMS
投递	没有投递到户这么严格，系统会自动识别消费者的地址，然后将物件投递到离消费者最近的快递代收点，由消费者自领或代收	投递到户，原则上要求本人签收
公司	中国邮政速递物流股份有限公司	万国邮联

EMS 的不足之处有以下几点：

①资费比普通民营快递稍高。

②定价灵活性不强。

③航空件可能比普通件的运输速度慢。

EMS 的适用范围与中国邮政速递物流类似，但多了国际寄件的业务。

（3）顺丰

顺丰一般指顺丰速运，是国内的快递物流综合服务商，它不仅提供配送端的物流服务，还延伸至价值链前端的产、供、销、配等环节，从消费者需求出发，以数据为牵引，利用大数据分析和云计算技术，为客户提供仓储管理、销售预测、大数据分析以及金融管理等一揽子解决方案。

顺丰主要经营时效快递、经济快递、同城配送、仓储服务以及国际快递等多种快递服务，以零担为核心的重货快运等快运服务，以及为生鲜、食品和医药领域的客户提供冷链运输服务。另外，顺丰还提供保价、代收货款等增值服务。

优势。顺丰是一家具有网络规模优势的智能物流运营商，拥有天网 + 地网 + 信息网三网合一、可覆盖国内外的综合物流服务网络。顺丰的增值服务覆盖面很广，包括保价、包装服务、代收货款、保鲜服务、签单返还、送货上楼、验货服务、定时派送、特殊入仓、装卸服务、安装服务以及转寄 / 退回服务等，最主要的是坏件 / 丢件率低，支付结算方式灵活。而且，顺丰快递发往珠江三角洲地区的速度与 EMS 差不多，但价格要比 EMS 便宜一些。

不足。费用较高，主要走中高端路线，营业网点相对少一些。

适用范围。贵重物品、重要纸质信件或文件（如身份证、毕业证等）以及一些急件等。

（4）韵达

韵达一般指韵达快递，是集快递、物流、电子商务配送和仓储服务为一体的全国网络型品牌快递企业，与其他一些国家开展国际快件业务，为海外消费者提供快递服务。

韵达快递的主要服务项目包括10项：标准国内快递服务、项目客户快递综合服务、保价件服务、代收货款服务、仓储物流服务、短信提醒服务、电话／网上下单服务、签单返回服务、微信平台通知查询服务以及一站式物流供应链解决方案。

优势。全国范围内的网点较多，价格适中，速度较快，通常在 3 ~ 4 天就能送货到买家手中。

不足。服务质量并不十分优质。

适用范围。几乎所有网店寄件与发货。

（5）圆通

圆通即圆通速递，曾用名上海圆通速递有限公司，是一家集快递物流、科技、航空、金融和商贸等为一体的综合物流服务运营商和供应链集成商。

圆通速递提供的服务主要包括三个方面：时效产品、增值服务和特色产品。时效产品指次日达和隔日达；增值服务主要包括保价服务、代收货款、代取件和签单返还等；特色产品包括特色经济、圆通云仓、圆通冷运以及定制服务等，其中，特色经济是指通过快递＋电商，打造销售、运输和鲜配一站式销售配送服务体系，充分整合空运、陆运、冷链和仓储资源，为客户提供安全、高效且智能的快递运输服务，比如圆通助力烟台大樱桃农产品从田间到舌尖。

另外，圆通速递还提供国际快件、国际空运、国际海运、国际铁路、国际转运以及仓储与物流等国际服务。

优势。快递网点覆盖范围较广，服务网点和终端门店 7 万多个，各类转运中心 100 多个，服务质量好，速度较快。

不足。陆运速度相对较慢，偶尔会有丢件的情况，服务质量有好有坏。

适用范围。几乎所有的网店寄件与发货。

（6）中通

中通一般指中通快递，是一家集跨境、快运、商业、云仓、航空、金融、智能、传媒和冷链等生态板块于一体的综合物流服务企业。

中通快递提供的快递服务主要有三类：标快、普件和大件。标快主要是提供稳定、安全、可靠的高品质、门到门的快递服务，保障快递运行时效，超时赔付，24 小时上门取件、寄件，提供优先配送的绿色通道。普件指提供优惠且全国 99% 区县可寄递的快递服务，全渠道下单。大件服务指提供 10 ~ 60 kg 小件快运、小票零担、大票零担和标准快运等大件快递服务。

除此以外，中通也提供保价、签单返还、运费到付以及代收货款等增值服务。

优势。国内全境送达，境内网点全覆盖，多中心提供中转服务；多服务对接，提供全渠道下单服务；价格大众化，性价比高。

不足。偏远地区的快递价格会更高一些。

适用范围。几乎所有网店寄件与发货，以及大件货物。

（7）申通

申通一般指申通快递，品牌初创于 1993 年，它在全国范围内形成了完善、流畅的快递网络，截至 2021 年 1 月，拥有独立网点及分公司超 4 500 家，服务网点及门店 25 000 余个。

申通快递提供的服务包括 5 个方面，简单介绍见表 6-2。

表 6-2　申通快递提供的服务

服务类别	具体快递服务
大客户产品	包括商务寄件、O2O
国内时效产品	包括同城当天件、次日达、隔日达、72 小时件
国际业务	欧洲 30 国专线、申通北欧专线、申通中美专线、申通小包平邮、申通优先快递及海外仓等
增值服务	包括代收件、上门取件、代收货款、到付件、保价、服务管家及签单返还等
仓储服务	包括仓储服务和电商服务,其中,电商服务指申通快递旗下探寻全球生鲜好货的电商平台

优势。全国服务网点多,速度较快且比较稳定,价格适中,运输较安全,很少有丢件、损件的事故。

不足。服务质量一般,对托运货物的重视程度还有待提高,收费规则过于灵活。

适用范围。几乎所有网店的寄件与发货,以及一些急件。

（8）德邦

德邦即德邦快递,成立于 1996 年,是大件快递的领导者,已成为一家联动快递、物流、跨境、仓储与供应链的综合性物流供应商。

德邦快递的快递与物流部分的服务,见表 6-3。

表 6-3　德邦快递的快递与物流部分的服务

服务类别	具体服务
小件快递	①标准快递:适用于 3 kg 内的快件,门店遍布全国,自有厢式货车,确保安全送达 ②特快专递:多元化运力保障,最快次日可达,优转优派,稳定准时,直营网络,安全可靠
大件快递 3.60	提供单件 3～60 kg 大件的快递服务,包接包送,两小时上门收货,大小件齐发,件数不限、总重不限

续上表

服务类别	具体服务
零担	①精准卡航：汽运快时效产品，全网覆盖超94%以上乡镇，全程监控 ②重包入户：主打票重60～200 kg大件货物寄递，包接包送，提供拆包装、预约派送和通电验机等个性化定制服务，全国94.5%乡镇可到可派 ③精准汽运：普通时效产品，性价比高，全网覆盖94%以上乡镇 ④精准空运：是德邦快递中时效最快的零担产品，在1～2天内送达，覆盖全国322个城市，走货稳定
整车	①精准整车：提供门到门包车高效运输服务，专车直发，支持全天24小时装车发货 ②大票直达：针对大票货物，性价比高，提供装卸、包装、进仓和到付等服务，有直营门店服务，全程轨迹可视化，标准化保价，包接包送

优势。大件行家、加强包装、送货上楼、亲手交货、官方直营，倾注于揽件、包转、运输和交付等每一个服务环节。

不足。小件商品的快递成本较高。

适用范围。几乎所有网店寄件和发货，尤其适合大件货物。

除了前述这些物流公司，还有天天快递、宅急送、京东快递、菜鸟物流、苏宁物流、极兔、优速、全峰、中铁飞豹、盛辉物流及万象物流等，都各自有优点及不足，电商商家需根据自身经营情况，选择合适的物流公司进行合作。

6.2.2　从服务与价格两方面选择合适的物流公司

电商商家在选择合作的物流公司时，不仅要保证运送时货物的安全，还要考虑快递成本，因此，需要从物流公司的服务和快递价格两方面考量。

服务态度好的物流公司，能够有效保证所运送货物、商品的安全、完整，从而减少坏件、丢件的概率。很显然，服务质量高的物流公司，会向商家或消费者（买家）收取较高的运费。

价格便宜的物流公司，能够有效降低电商商家的运输成本，从而提高商家的利润空间。但是，价格便宜的物流公司，为了控制自身的物流运输成本，极有可能降低服务质量，此时就会对所运输货物、商品带来较大的质量隐患。

由此可见，商家选择物流公司，实际上就是要权衡物流公司提供的服务质量与价格之间的关系。

因为电商商家的信誉很多时候比短期利润目标更重要，所以，在选择合作的物流公司时，先要保证服务质量，然后考虑价格成本；在同等服务质量水平下，很显然，价格优惠的物流公司是合作目标。

当然，如果商家经营的是耐摔、不易碎的产品，也可以适当降低服务质量，选择价格更低的物流公司进行运输、配送。

在 6.2.1 节中已经简单介绍了各物流公司提供服务适用的范围，商家一定要明确。

除此以外，商家在选择合作的物流公司时，还要站在买家的角度考虑问题。比如向买家销售的是大件商品，就需要找能提供大件物品免费送货上楼服务的物流公司，这样可以减少买家自行搬运商品的麻烦；然后比较能提供类似服务的各物流公司的收费情况，选择价格更合理的。

又或者，商家向买家销售的是生鲜产品，就需要找能提供冷链运输服务的物流公司，以保证买家收到的生鲜产品足够新鲜；然后比较能提供冷链运输服务的物流公司，选择价格更实惠的。

总的来说，商家选择物流公司提供快递服务，首先需要考虑服务质量，然后辅以价格因素，进行最终确认。

6.2.3 怎么与电商平台的自有快递合作

有一些电商平台拥有自己的物流网络，消费者在平台上下单购买产品，有时会直接通过平台物流网络进行运输、配送。

比如淘宝网，旗下有菜鸟网络。菜鸟网络并不自行安排工作人员送货，而是借助大数据信息整合物流的各个环节，最后将业务外包给其他物流公司。商家可以选择具体的发货功能，系统会显示哪些物流公司能提供送货服务。

商家可以按照本章 6.1.1 节案例操作步骤，进入千牛工作平台，在单击"物流基础工具"超链接后，在新页面可以选择合适的物流公司开通快递服务，直接单击"开通服务商"按钮即可，如图6-6所示。

商家与淘宝网自有快递菜鸟网络的合作比较简单，不需要另行开通账户，直接进入千牛工作台，即可完成相关发货操作。

图6-6　电商商家与淘宝网自有快递菜鸟网络的合作方法

实操范例 用淘宝自有的菜鸟网络发快递

商家登录淘宝账号，单击页面上方的"千牛卖家中心"按钮，进入卖家中心页面，单击"交易/物流管理/物流工具"选项卡，在页面中单击"菜鸟发货"超链接，如图6-7所示。

图6-7　用淘宝自有菜鸟网络收快递的操作（1）

进入菜鸟发货平台，系统自动定位在"裹裹寄件发货"页面，在该页面会分"淘系订单发货"和"非淘订单发货"两种。在"淘系订单发货"界面选择要处理的订单，然后单击下方的"使用裹裹寄件"按钮，如图6-8所示。

图6-8 用淘宝自有网络收快递的操作（2）

完成收件地址和收件人信息的填写，就可以打印发货单和快递单。接着完成快递费的支付，就可以等待揽件，准备发货。

知识扩展 查询菜鸟裹裹的寄件价格

在菜鸟发货平台的"裹裹寄件发货"页面左侧，单击"寄件价格查询"选项卡，在右侧页面中单击"选择地址"按钮，在打开的对话框中设置寄件地址详细信息、寄件人姓名和电话号码，单击"完成"按钮，即可在结果页面查看不同收件省或地区对应的寄件价格，包括日单量不同的价格信息，如图6-9所示。

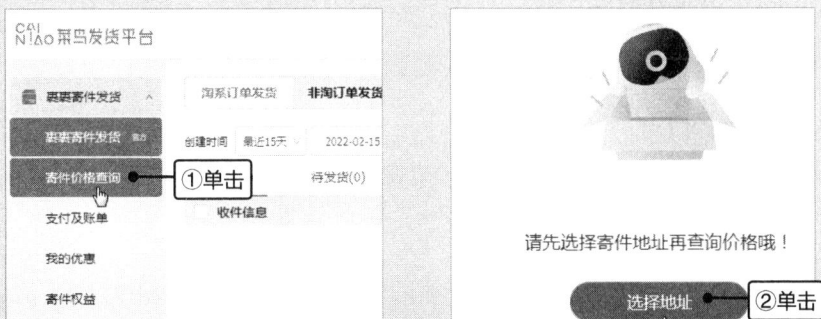

图6-9 菜鸟裹裹寄件价格的查询

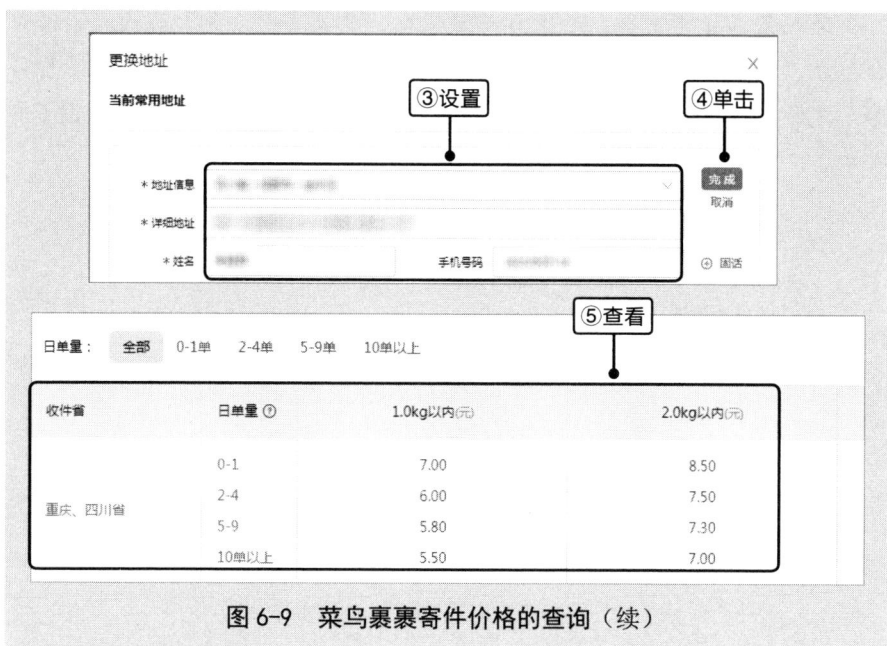

图6-9　菜鸟裹裹寄件价格的查询（续）

6.2.4　开拓新型电商物流通道

为了提高电商运营效率，尤其是物流运输效率，各电商商家和电商平台应该积极开拓新型电商物流通道，使物流运输与网络服务达到全覆盖，比如让居住在农村的消费者也能在离家很近的网点收取快递。

新型电商物流通道的开拓可以从如下几个方面入手。

（1）第四方物流

第四方物流是一个供应链集成商，它调集和管理组织自己以及具有互补性服务提供者的资源、能力和技术，以提供一个综合的供应链解决方案。

第四方物流的关键在于为卖家和买家提供最佳的增值服务，即迅速、高效、低成本和个性化服务等。

第四方物流需要平衡第三方物流的能力、技术和贸易流畅管理。

第四方物流具有六大核心功能：信息发布、交易匹配、合同签订、支付结算、信用评价以及整体物流解决方案。

通俗点说，第四方物流就是为物流业者提供一个整合性的物流，包括金融、保险、多站式物流配送的安排。比如，可以协助进出口关税问题、收款等功能。

（2）电子物流

电子物流指利用电子化手段，尤其是利用互联网技术，来完成物流全过程的协调、控制和管理，实现从网络前端到最终客户端的所有中间过程的服务，也称物流电子化或物流信息化。

电子物流最显著的特点是各种软件与物流服务的融合应用，它的目的是通过物流组织、交易、服务、管理方式的电子化，使物流商务活动能方便、快捷地进行，以期实现物流的快速、安全、可靠与低费用。

实际上，电子物流也是一整套的电子物流解决方案，俗称 ERP 系统，即电子上的物流显示与相关操作，物流本身还是需要机器和人工搬运的。

在电子物流环境下，信息流处于一个极为重要的地位，它贯穿于商品交易过程的始终，在更高位置对商品流通的整个过程进行控制，记录整个电商活动的流程，是分析物流、导向资金流进行经营决策的重要依据，最终，要达到的效果为"四流"同步处理，"四流"即商流、信息流、资金流和物流。

（3）数字物流

数字物流也称第五方物流，是指在商贸的实际运作中，应用互联网技术支持整个物流服务链，并且能组合相关的执行成员协同为电商商家、平台以及企业的物流需求提供高效服务。

数字物流的主要工作和目标包括以下几点：

①为客户（卖家、买家，下同）组合物流链信息作业的各个环节。

②为客户提供营运解决方案。

③收集实时资讯。

④提供营运作业平台。

数字物流最终要达到评估、监控及快速回顾运作信息的作用。

（4）逆向物流

逆向物流是指电商商家委托第三方物流公司将交寄物品从消费者指定所在地送达商家所在地的过程。

逆向物流过程由电商商家推动，物流费用采取商家与第三方物流公司统一集中结算的方式，整个过程需要商家与物流公司双方强大的 ERP 对接系统支持。

逆向物流包含来自消费者手中的产品及其包装品、零部件和物料等物资的流动，简单来说，逆向物流就是从消费者手中回收用过的、过时的或者损坏的产品和包装开始，直至最终处理环节的过程。

引入逆向物流的原因和对应的使用逆向物流系统的典型事例见表6-4。

表6-4　引入逆向物流的原因和对应的使用逆向物流的典型事例

引入逆向物流系统的主要原因	使用逆向物流系统的典型例子
为获得补偿或退款而退还产品	不能满足客户期望的 VCR（盒式磁带录像机）被退回，以得到退款
归还短期或长期租赁物	当天租赁的场地装备的返还
返回制造商以便修理、再制造或返还产品的核心部分	返还用过的汽车发电机给制造商以期被再制造和再销售
保修期返回	电视机在保修期内功能失灵而被退还
可再利用的包装容器	返回的汽水瓶、酸奶瓶、饮料瓶被清洗后再使用
寄卖物返还	寄存在电商商家的音箱没有变卖又返还给物主
卖给顾客新东西时折价回收旧货	出售新车时代理商回收旧车准备再卖
产品发往特定组织进行升级	旧电脑被送往制造商以安装光盘驱动器
送还	不必要的产品包装或托盘在不需要时被送还
普遍的产品召回	由于安全带失效汽车被返还给代理商

续上表

引入逆向物流系统的主要原因	使用逆向物流系统的典型例子
产品返还给制造商进行检查或校准	医学设备被返还以检查和调校仪表
产品没有实现制造商对商家的承诺	电视性能与承诺的不一致，进行退还

（5）电商国际物流

人们常听说的电商国际物流，可以理解为跨境电商与国际物流。开拓电商国际物流，电商商家的进货渠道会更多，进货选择空间更大，有利于电商行业的发展。

比较有名的电商国际物流有如下几个：

◆ 雨果跨境

雨果跨境提供的跨境物流服务，包括物流专线、FBA（亚马逊物流服务）头程、物流小包、海外仓以及国际快递等，商家进入雨果跨境网站，可以查看这些服务的详细情况。雨果跨境网站首页如图 6-10 所示。

图 6-10　雨果跨境网站首页

◆ 忠迅

忠迅，即深圳市忠迅国际物流有限公司，是一家专业从事跨境电商物流出口的企业。公司具有国际快递、国际物流、国际空运、跨境电商物流和中港专线等多种业务的 10 年经营资质，全面覆盖跨境电商物流、电商仓储服务、海淘进口、快件进口以及电商仓储运营和物流软件，能满足不同跨境电商的客户需求。

忠迅国际物流的服务网络覆盖珠三角地区，以及内地各主要大城市，致力于发展为跨境电商物流、亚马逊 FBA、国际空运与仓储配送、物流策划方案等业务为一体的国际物流公司。忠迅国际物流的网站首页如图 6-11 所示。

图 6-11　忠迅国际物流网站首页

◆　海洲国际电商物流

海洲国际电商物流（深圳）有限公司是一家专注于国际海空运物流的企业，形成了一套完整的海运、空运、报关、清关、配送一条龙的物流体系。

它专门从事 Amazon FBA 仓以及海外华人仓库头程运输服务的公司，帮助客户把货物从中国转运到美国、加拿大、日本、阿联酋及欧洲等指定的亚马逊 FBA 仓库，或者是海外华人仓库，并提供配套增值服务。

6.3　电商物流的管理实务

电商商家要做好物流管理，还需要回归实务工作。如何包装更安全、更省钱？如何配送才合理？如何规划运输路线才能降低运输成本？如何才能实现 24 小时内发货？这些对于商家来说都需要好好研究。

6.3.1　发货物品的包装有哪些讲究

要保证所售商品在运输过程中的安全、完整，商家在最初进行包装时就应该注意一些问题。

（1）打包前要注意的问题

商家在对所售出的商品进行打包前，需要检查如下事项：

①检查所售商品的所有配件是否有遗漏。

②如果是玻璃制品等易碎商品，检查是否有 1 ~ 2 个备品。

③检查所售商品的名称和规格是否与订单一致，商品是否完好无损。

④检查商品是否需要填充材料达到防震效果。

（2）包装材料的选择

电商商家一方面要保证所售商品的物流包装坚固、牢靠，另一方面还要考虑成本问题。在物流管理中，包装要起到最主要的两个作用：一是保护商品，二是方便流通。因此，不同的商品需要选择不同的包装材料。

◆ 纸

用纸作为物流包装材料的，一般指纸箱或者纸盒。纸箱或纸盒的加工成本低、储运方便，且适用于各种印刷方法，易于成形加工，方便完成自动包装。

所以，纸箱、纸盒主要用于保健品、食品、饮料、日用百货以及工艺品等的物流包装。

◆ 塑料

塑料包装根据合成工艺以及使用原材料的不同，其软硬度也会有差异，但无论是软塑料还是硬塑料，塑料包装都是仅次于纸及纸板包装的包装材料，它密度小，耐化学性好，成型容易，具有良好的透明性和易着色性，耐冲击，加工成本低，且绝缘性好。

物流运输中常见的几种塑料包装如图 6-12 所示。

（1）　　　　　　　　　　　（2）

图 6-12　物流运输中常见的几种塑料包装

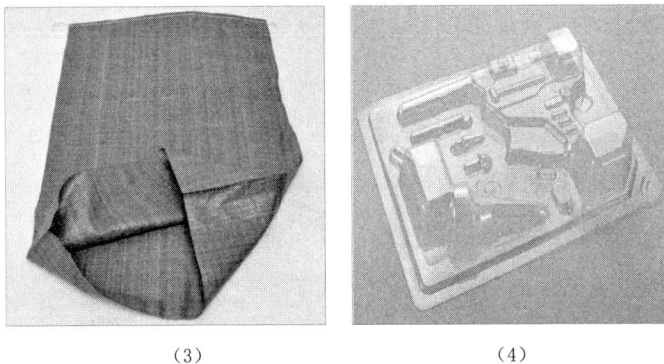

（3）　　　　　　　　　　　（4）

图 6-12　物流运输中常见的几种塑料包装（续）

图 6-12（1）所示的塑料包装，一般适用于所有产品物流包装的外包装，常与纸盒或者图 6-12（2）类型的塑料包装结合使用。如果是易碎商品，商家通常会用图 6-12（1）+ 图 6-12（2）的包装袋进行双重包装。如果是不易碎的商品，商家就用纸盒与图 6-12（1）塑料袋进行组合包装。如果商品比较柔软，如衣服、裤子、软质拖鞋、围巾、被单、床套以及其他一些质地较软的商品，通常只会用图 6-12（1）的塑料袋进行包装。

图 6-12（2）所示材料通常称为加厚珠光膜气泡袋，可有效防止产品撞击，在产品受到震动时起到保护作用，同时也有保温隔热的作用，适合于各行各业的不同产品包装，这类包装袋体轻、富有弹性，还具有防磨损的性能，可以防水、防潮、抗压，因此，这类包装袋适合易碎、易吸潮的产品，如玻璃制品、干燥剂等。

图 6-12（3）是编织袋，也属于塑料包装的一种，其作用与图 6-12（1）塑料包装袋的作用相似，可以搭配纸盒、纸箱类以及金属类包装作为外包装使用。另外，对于质软的商品，或者受到撞击、震动等不易损坏的商品，也可以直接用编织袋作为唯一的包装材料。

图 6-12（4）为吸塑包装，其保护性能好，透明直观，使用方便且质量轻便。吸塑包装的主要制品包括泡壳、托盘、吸塑盒等，这类包装常用于化妆品、护肤品以及有精美外观要求的产品。吸塑包装能包装任何异形产品，装箱无须另加缓冲材料，有时也会结合其他外包装材料，如纸盒，图 6-13 是吸塑包装与纸盒的结合。

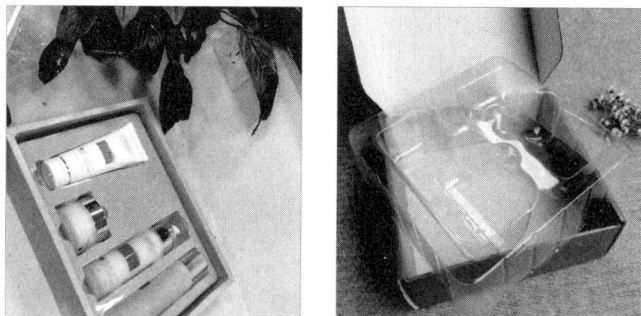

图 6-13　吸塑包装与纸盒的结合

吸塑包装可以节省原辅材料，重量轻、运输方便、密封性能好，并适合机械化、自动化包装，便于现代化管理，节省人力、提高效能。而且，吸塑包装还可用来作为填充物使用，在纸盒中添加较多，如图 6-14 所示。

图 6-14　吸塑包装用作填充物

◆ 玻璃

由于玻璃本身属性决定其易碎，因此，玻璃类包装只能作为内包装，不能作为外包装使用。

玻璃包装通常用于包装液体、固液混合物以及易受潮的物品，常用于化妆品、护肤品、保健品、酒类以及饮料等的内包装。在物流管理环节，对于使用玻璃包装运送的商品，还需要在外面加纸盒、塑料等包装物，而且使用纸盒进行外围包装时，还需要在内部加一些填充物，避免玻璃之间的碰撞以及受到外部撞击而损坏。

如果是用塑料包装进行外围包装，最好选择加厚珠光膜气泡袋，此时可以节省填充物成本，因为加厚珠光膜气泡袋本身就可以起到缓冲撞击力的作用。但是如果使用的珠光膜气泡袋过薄，无法起到防震、防撞的作用，也依然需要加填充物，防止商品受损。图 6-15 为玻璃与纸盒以及玻璃与塑料结合运用的包装物。

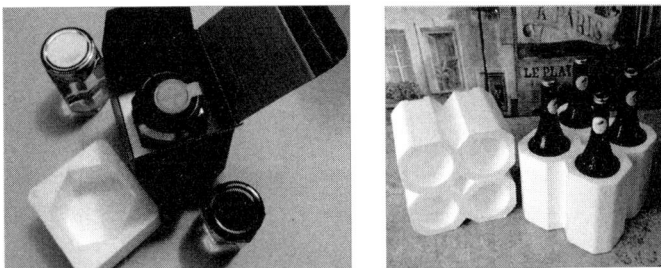

图 6-15 玻璃与纸盒以及玻璃与塑料结合运用的包装物

虽然塑料泡沫有防震、防摔的缓冲作用，但因其容易磨损，所以常常需要借助纸盒来进行最外围的保护。

◆ 金属

由于金属材料本身容易磨损，因此在物流包装环节，也只作为产品的内包装使用，然后结合纸盒或者塑料包装物等进行外层包装；又因为金属与塑料之间的摩擦作用，会使塑料磨损，导致金属裸露在空气中，甚至磨损。因此，在物流包装环节，金属与塑料的搭配包装较少，与纸盒的结合包装运用会更多，如图 6-16 所示。

图 6-16 金属与纸盒或塑料结合的物流包装

（3）包装尺寸大小的考量

整体来说，电商行业物流环节中的邮寄包裹一般不小于 20 cm×20 cm（长×宽），而长、宽、高分别不超过 2.5 m、1.5 m 和 1.5 m，但是，有些大件商品受到商品本身大小的约束，包装物也会很大，此时就不受一般情况的限制，需按照产品包装与运输需求来设计包装大小。

为了能尽可能地减少包装成本，增加利润空间，商家在进行包装时要计划好产品需要几层包装，每层包装在贴合产品或内层包装的情况下，又需要多大尺寸。

如果所售商品在物流管理中需要加填充物进行包装，则需要考虑填充物所占的面积、范围，然后设计纸盒大小；如果在纸盒外面还要包装一层塑料袋，则塑料袋的大小就要根据纸盒大小来设计。

（4）包装外观

所有物流运输货物都会在最外面包装一层耐摔的包装物，因此，外包装只需要干净整洁、整齐即可，不需要精致的外观。

装箱时，在外箱或外部包装物上粘贴写明了邮寄信息的运单，保证运单在运输途中不会受损。

总的来说，物流环节产品的包装要符合下列要求：

①包装容器的材质具有一定的强度和韧性，可以承受运输过程中正常范围内的震动、挤压、摩擦和冲撞等。

②包装容器材质不能与所装产品发生化学反应。

③包装物四周应有衬垫，能起到良好的缓冲作用。

④包装物拥有良好的气密性，封口处无空气泄漏。

⑤易碎物品要用泡沫等进行填充。

6.3.2 怎样才能选择合适的配送方式

配送是物流的一个缩影，或者是在某小范围中物流全部活动的体现，要素是集货、分拣和配货等，具体要素见表6-5。

表 6-5　物流配送的要素

要素	解释
集货	将分散的或小批量的物品集中起来，便于运输、配送作业，比如把几家甚至数十家卖家所售的物品集中
分拣	将物品按品种、出入库先后顺序等进行分门别类堆放的作业，这是完善送货、支持送货的准备性工作，能大大提高送货服务水平
配货	使用各种拣选设备和传输装置，将存放的物品，按卖家要求分拣出来，送到指定发货地点
配装	集中不同卖家的配送货物，进行搭配装载，以充分利用运能、运力，配装操作可以大大提高送货水平并降低送货成本
运输	配送运输是较短距离、较小规模、额度较高的运输形式，通常使用汽车做运输工具，该环节涉及的配送路线较复杂，如何组合最佳路线，如何使配装和路线有效搭配，这些都是配送工作的难点
送达服务	将配好的货运到买家所在地，并确定卸货地点和卸货方式
加工	配送加工是按照配送客户（即买家）的要求进行的流通加工，该环节一般只取决于客户要求，不具有普遍性。比如，某客户要求将快递包裹运送到小区门口而不是放在其他代收网点

那么，具体的配送方式有哪些呢？具体的配送方式见表 6-6，商家可以从适用范围和成本控制的角度进行选择。

表 6-6　各种配送方式及说明

划分依据	配送方式	说明
按结点划分	配送中心配送	这种配送的组织者是专职配送中心，规模较大，有的配送中心储存量较大 适用范围：非急件的产品、不易碎的产品、大件商品、日用品等
	仓库配送	是以一般仓库为据点来进行配送的形式，配送规模较小，但可以把仓库完全改造成配送中心 适用范围：合作物流公司在某地区有自己的仓库的情况
	商店配送	即商业或物资的门市网点承担配送工作，规模一般不大 适用范围：商家在各地有自己的零售门店，或者商家经营的产品在各地有集货中心等情况

续上表

划分依据	配送方式	说 明
按配送商品的种类数量划分	单（少）品种大批量配送	适用范围：单独一种或少数品种就可以达到较大运输量的情况，如同一地区在同一时间需要配送的某一种或几种商品就能装整车 这种配送形式，作业难度较小，配送成本也相对较低
	多品种少批量配送	按照配送计划，可以将多品种的商品凑成整车后进行配送，这种配送方式对作业水平和管理水平要求较高，且配送成本相比单（少）品种大批量的配送方式更高 适用范围：日用商品
	配套成套配送	指根据电商商家的销售需要，把售出的商品所需要的全部零部件配齐，按照配送计划送达消费者的一种配送形式 适用范围：需要拆分开进行包装发货的商品
按时间划分	定时配送	即根据配送公司和卖家达成的配送时间协议，按规定的时间和时间间隔进行配送，比如数天或数小时一次等 适用范围：功能特殊或者运输条件要求苛刻的商品
	定量配送	指按照规定的数量进行配送，计划性强，配货工作简单，配送成本较低 适用范围：小件低成本商品、大件商品以及非急件商品等
	定时定量配送	指按照规定的配送时间和配送数量进行配送，要求较高的服务质量水平，组织工作难度很大 适用范围：特定或固定的买家、产品，如汽车、家用电器等
	定时、定路线配送	指按照规定的配送时间和配送路线进行配送 适用范围：急件商品
	即时配送	指依托社会化库存，可满足45分钟内送达要求的配送方式 适用范围：新鲜蔬果、所经营产品在各地居民区都有销售网店的产品等
按经营划分	销售配送	指配送企业为销售性企业，或销售企业作为销售战略的一环而进行的促销型配送形式 适用范围：在线下有门店且提供送货上门服务的电商商家

续上表

划分依据	配送方式	说　明
按经营划分	销售配送	指配送企业为销售性企业，或销售企业作为销售战略的一环而进行的促销型配送形式 适用范围：在线下有门店且提供送货上门服务的电商商家
	供应配送	是电商商家或平台为了自己的供应需求而采取的配送形式，往往由商家或平台组建配送设施 适用范围：经营规模较大的商家或平台自己的供应模式
	销售－供应一体化配送	指电商商家或平台在进行销售的同时，为买家提供有计划供应服务的配送形式 适用范围：批量销售的商品、销售和购买双方有长期合作关系的商品等
	代存代供配送	指商家或平台将属于自己的货物委托配送企业代存、代供，有时还委托代订，然后由配送企业组织配送的形式 适用范围：商家经营的产品由自己的厂家负责直接发货，或者是商家为某产品的代销商，最终产品直接由被代销商家发货的情形

综上，商家选择配送方式时，除了要看买家对时间的要求，自身对成本的控制，还要看配送方式适不适合所销售的产品。

6.3.3　如何规划运输路线来降低运输成本

在物流运输过程中，运输企业对运输路线的合理规划，不仅能节省配送时间，还能降低运输成本。

那么，要怎么规划运输路线才能有效降低运输成本呢？在规划时，要从两个方面结合考量。

①运输区域稠密、远近不同和供货周期不同的路线安排。

②缺货、退货和补货等突发情况的再次配送问题。

也就是说，物流公司在规划运输路线时，要考虑正常运货时的路线合理性，还要考虑发生突发情况涉及再次配送的路线合理性。

在实际的物流管理中，运输路线的安排大多采用线性路线，但线性路线在遇到缺货、退货和补货等情况发生时，往返运输就会明显增加运输成本。

因此，很多物流公司开始将线性路线往扇形或者环形路线改善，且常常将线性路线和扇形路线结合运用，或者将线性路线与环形路线结合运用。

扇形或环形路线的运用，使得物流配送网点分布较均衡，四面八方都通，退换货、缺货补货时往返距离会更短一些，相应的，耗费的运输时间和成本也会更小，这样的路线设计，相当于将地区里所有可能往返运输的情况由一辆货车解决。

除此以外，物流公司规划配送路线时，还可以从以下一些细节减少路线的重复概率，从而减少运输成本。

①将临近几个卸货网点的货物装在一辆配送车上进行运送，且尽可能安排同一天送货。

②避免非同一天送货的网点在运行路线上的重叠，简单来说就是避免连续两天或几天往同一个送货网点配送包裹。

③规划的路线尽可能避开车流量大的交通要道。

④借助智能调度系统，合理、科学地调度车辆并进行路线规划。

6.3.4　配送中心的选址

物流配送中心的选址，对物流企业经营全过程有非常重要的影响，配送中心的地理位置直接影响其所能提供服务的区域范围和配送服务的数量，同时还关系到配送工作的效率，最终影响物流公司的运输成本。

因此，选择合理的配送中心所在地，对物流公司、商家以及消费者来说都有好处。那么，怎样才能设置合理的配送中心位置呢？具体应注意以下几点：

①配送中心的选址要具有较大的柔性，能保证根据物流资源分布的改变而在一定范围内对选址进行调整。

②配送中心的选址要与周边的环境相协调，如人口密度、商业繁华度。

③配送中心的选址涉及建设费用和经营费用，是定在郊区还是市区，未来物流辅助设施的建设规模等，都要从经济性原则出发考量。

④配送中心的位置应选择靠近交通枢纽的地方，以保证配送服务及时、准确。

⑤配送中心的位置应适应当地未来经济发展趋势，这样配送中心在未来才有实际用途。

⑥哪些地方是法律、法规和相关政策规定不允许建设配送中心的地方，哪些地方建设配送中心还有优惠政策等，也要纳入选址的考量范围。

⑦从配送中心的配送需求与配送目的出发，考虑选址问题。比如，某些配送中心需要建设一些保温设施，有些需要配套冷冻设施，有些则需要储存一些危险物品。不同配送中心的设施建设需求，对于配送中心的地理位置也有限制。

6.3.5 如何才能实现 24 小时内发货

在电商行业，作为买家的消费者往往都希望自己购买的产品能尽快发货，从而尽早对产品投入使用。如果消费者通过网上购物，在商家店铺中购买产品，等了一两天仍然没有看见发货的物流跟踪信息，此时买家就会产生焦虑，从而对商家的销售行为产生怀疑，破坏商家在消费者心中的形象。

因此，电商商家为了满足消费者快速收到所购产品的需求，同时也为了维护自身在消费者心中的信誉，就需要加快发货速度，最好能在消费者下订单并付款成功后的 24 小时内发货。

但买家购买的产品什么时候能发货，一方面取决于商家通知物流公司揽件的时间，更多的是取决于物流公司实际发货时间。然而，物流公司什么时候能发货，也无法由商家掌控，商家只能从如下一些措施入手，尽可能促使物流公司在 24 小时内发货。

①在经济能力范围内，尽可能多地与数家物流公司合作，以备在出货量较大时也能全部在 24 小时内发货。

②如果遇到节假日，整个电商行业的订单业务量激增，导致物流公司的业务异常繁忙，此时商家就需要瞄准物流运输的空档时间。比如，商家在中秋节出售的商品，通常要在此后的一两天安排发货，而中秋节当天物流公司却没有多少业务量，这一天就是所谓的物流运输空档时间，商家可

以利用这段时间，尽早开展中秋节销售活动，争取在中秋节当天安排发货。

③加强商家自身员工管理，在查询到买家成功购买的信息后，及时向物流公司发出揽件通知，并督促物流公司在 24 小时内完成发货。

④从物流公司的角度，增加发货人员或者适当调整员工上班时间，争取在收到商家揽件通知的 24 小时内有序发货。

第 7 章

电子商务也要做好仓储管理

在电商行业，供应链管理不仅要重视物流管理，仓储管理工作也不容小觑。仓储管理关系着物流配送速度的快慢及消费者所购商品的安全、完整，是物流运输正常进行的保障。那么电商行业负责仓储管理一方应如何做好自己的物品储备工作呢？

7.1 仓储设施的选择与空间管理

电商行业中，不仅是物流运输过程需要进行仓储管理，商家在最初采购商品时也涉及仓储管理工作。如何储存采购的商品才能保证按时、保质地向消费者发货？怎样保管物品才能提高物流配送效率？商家和物流公司都应该认真学习仓储管理。

7.1.1 哪些情况需要电商商家准备货物仓库

一般来说，电商商家为了保证自己有充足的货源能及时售卖给消费者，会准备自己的货物仓库以储存各种商品，但也有一些商家在销售商品后，直接由其合作的供应商发货。那么，哪些情况是需要电商商家准备货物仓库的呢？具体有以下几种情况：

◆ 合作供应商不提供发货服务

电商商家合作的供应商，如果不提供发货服务，就需要电商商家将采购的商品进行自主储存，毕竟等到消费者下单购买后再向供应商提货，就会拉长发货时间，影响商家在消费者心中的信誉，不利于商家后期的经营发展。

◆ 短时间内销售量较大且稳定

对电商商家来说，生意好是好事，但生意太好就会给商家造成发货压力。短时间内销售量稳定且非常大的商家，如果仅仅依靠供应商发货，自己不囤货，就很可能遭遇断货风险，因此，这样经营状况的商家需要自备货物仓库，提前储存部分商品，以备救急需要。

◆ 有自己品牌的商家

有自己品牌的商家，总是希望通过数据分析品牌竞争力和市场占有率，从而帮助自己做好后期销售工作和宣传工作，而要有效地统计销售数据，就需要精准把控自己的出货量以及具体的出货情况，此时商家应备有自己的货物仓库，通过出库量以及仓储管理，就可以清晰地知道销售情况。

总的来说，商家准备货物仓库，目的主要有两个，一是保证不断货，二是监控销售情况，因此，有这两方面需求之一的商家，都需要考虑创建自己的货物仓库。

7.1.2　商家如何选择仓库所在位置

在学习如何选择仓库位置之前，商家必须要分清楚仓库与配送中心的区别，一般从其主要作用进行区分。仓库的主要作用是仓储货物，而配送中心的主要作用是方便货物调度。

由此可见，从买家所购商品停留时间长短来讲，在仓库中停留的时间通常比在配送中心停留的时间长。

选择仓库的位置，不必像配送中心那样要求交通便利，具体可以按照如下流程进行确定：

（1）需求、成本与可行性分析

在选择仓库位置前，商家或物流公司要明白仓库具体用来做什么？主要储存什么样的产品？需要什么样的储存环境？是否经常储存急件包裹？明确了这些，才能确定仓库所在地的大致方位，建设仓库需要配套建设的各种设施，以及所需占地面积等。

然后根据初步的仓库购建计划，预测储存成本、运输费用、土地使用费以及人工费用等支出，看看仓库的购建成本是高还是低？

接着商家或物流公司要结合自身发展情况以及经济能力，判断筹建货物仓库的举措是否可行，包括物流配送环境是否良好、筹建仓库是否有法律约束、是否能在短期内投入使用等。

（2）对比评估

商家或物流中心根据自身对仓库选址以及其他方面的需求，选取合适地理位置的仓库进行对比分析，看看哪个位置的仓库既方便物流运输，成本又低。

比如进行物流评估，对仓库备选址基本情况、作业条件、交通情况、到主要干道的距离，以及到主要消费群体的距离等进行评估。

对财务进行评估，主要看备选仓库的产权资料，如仓库的不动产权证、税务登记情况、消防证等资质是否符合要求。

进行行政评估，包括对备选仓库的建筑结构、地面、墙面以及顶部状况等进行评估。

如果是商家，建议尽可能寻找现成的仓库，因为自建仓库需要耗费很长的时间，而且加上人工成本，可能会带来不小的经济压力。

除了考虑仓库是否便于运输，以及成本控制需求，商家或物流公司在选择仓库位置时，还可以借用下列规则：

①电商商家的仓库位置要有利于商家的采购和销售活动，使得采购环节的运输费用、储存费用与销售环节的运输费用之和尽可能低。

②仓库位置的安保措施要齐备，要能够保障仓储的商品完好无损。

③不要将仓库选择在存放易燃易爆物品场所的附近，如加油站、化工厂等。

④不宜选择在山丘上、地势低洼地段、河道以及水塘等附近，要选择仓库外围排水系统好的位置。

⑤仓库不能选在居民小区、市场等交通容易拥堵的位置。

⑥仓库应尽量选择出门为主干道，货车可以 24 小时自由出入的地方。

⑦仓库附近的主干道尽量有公交站点，这样方便在仓库工作的员工上下班，以防止仓库管理工作缺人手。

⑧仓库所在地要通信网络信号良好，以保证电商物流信息畅通。

7.1.3 一般仓库的主要区域与走线设计

电商物流中的仓库区域设计也是有讲究的，主要包括入库区、验货区、分拣区、流通区、储藏区和发货区，不同区域有各自的功能，简单介绍见表 7-1。

表 7-1 电商物流仓库区域的功能设计

仓库区域	功　　能
入库区	卸货进库、入库待验收、入库搬运，另外还可能设置入库暂存区,防止储存区满后,新入库的货物没有地方放置
验货区	验货、处理损坏货物
分拣区	订单分拣、拣货分类、集货等
流通区	库内人行、货物运输通道

续上表

仓库区域	功　　能
储藏区	产品储存、移动搬运、产品整理等
发货区	货物整理、出库搬运、出库装载等

仓库的主要功能区域大同小异，在物流管理中，为了提高仓储管理工作效率，仓库的走线设计各不相同。

（1）横列式布局

横列式布局指货位、货架或货垛与库房的宽度方向平行排列布局，如图 7-1 所示。

横列式布局的物流仓库，其运输通道长，作业通道较短，优点是货架排列简单易寻，方便收发和查验库存物资，通风采光较好；缺点是运输通道占用面积较大，仓库面积利用率较低。

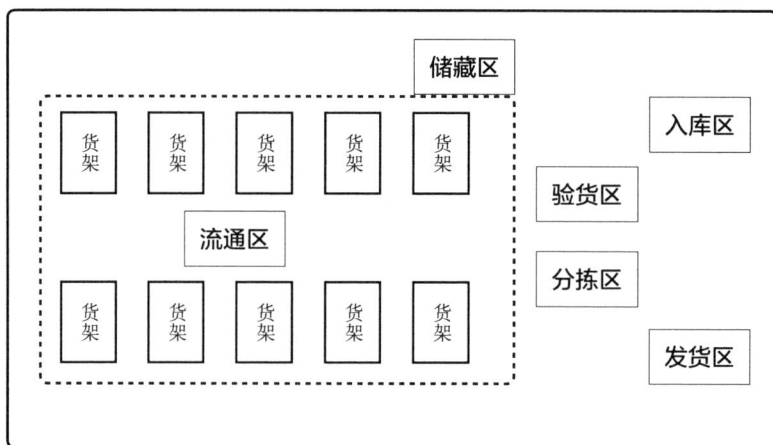

图 7-1　横列式布局的物流仓库

这种布局的仓库，如果用手推车搬运，流通区的宽度一般在 2 ~ 2.5 m；如果用小型叉车搬运，流通区的宽度一般在 2.4 ~ 3 m。而同一侧货架与货架之间的过道宽度，一般在 0.9 ~ 1 m。

（2）纵列式布局

纵列式布局是指货位、货架或货垛与库房的宽度方向垂直排列布局，如图 7-2 所示。

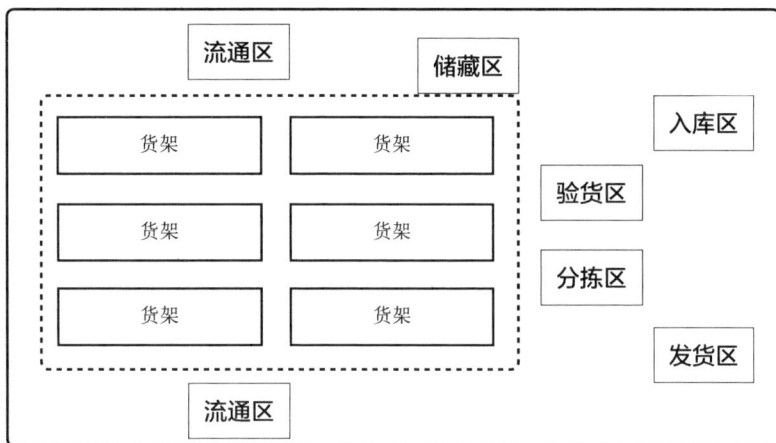

图 7-2　纵列式布局的物流仓库

纵列式布局的物流仓库，作业通道较长，主通道区域较小，优点是仓库面积利用率较高；缺点是通风采光效果略差，不方便存取物资。

（3）纵横式布局

纵横式布局是横列式布局与纵列式布局的结合，因此结合了两种布局方式的优点，同时也克服了两种布局方式的缺点，它是根据不同货区的不同储货要求进行横纵式设计的，如图 7-3 所示。

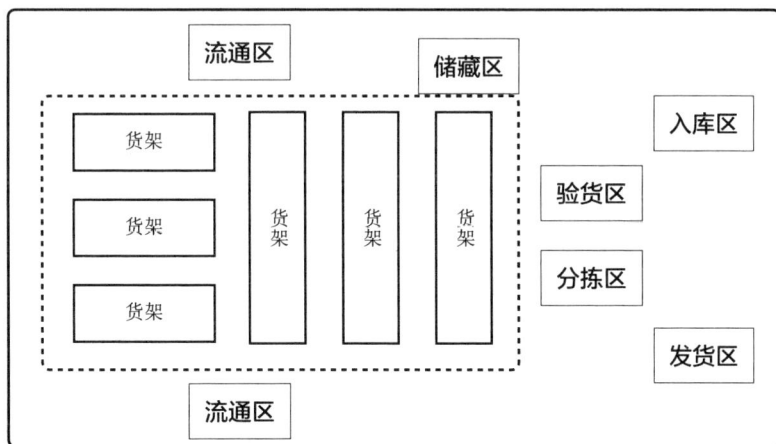

图 7-3　纵横式布局的物流仓库

比如，对于快流商品采用横列式布局，对于慢流商品采用纵列式布局。

（4）倾斜式布局

倾斜式布局指货位、货架或货垛与主通道成 60°角、45°角或 30°角的排列布局。倾斜式布局可以分为货垛倾斜和通道倾斜两种。

图 7-4 和图 7-5 分别是货垛倾斜和通道倾斜的仓库布局，可以看出，无论是哪一种倾斜式布局的仓库，空间利用率都比较低，尤其是通道倾斜式仓库，会降低物品从分拣区到储藏区的工作效率，导致管理人员不得不调整入库区、验货区、分拣区和出库区的位置。

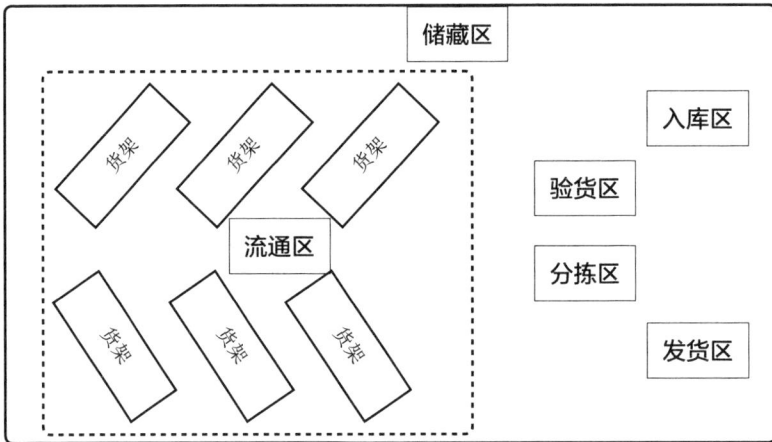

图 7-4　货架倾斜式物流仓库布局

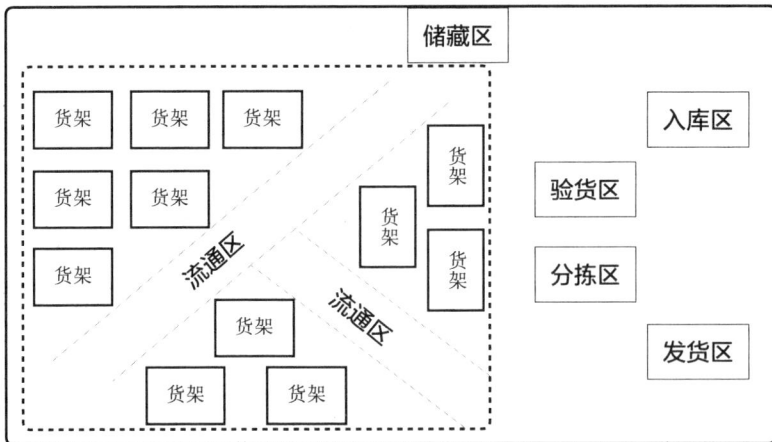

图 7-5　通道倾斜式物流仓库布局

注意，上述通道倾斜式布局的仓库，可能会降低储存货物的出入库效率，通常会根据流通区的出入口调整验货区和分拣区。

前述展示的物流仓库布局图，大致从区域划分的类型来看，主要都是U型，简易流程示意图如图7-6所示。

而仓库布局还可以采用直线形，减少往返重复路线，提高出入库效率，如图7-7所示。

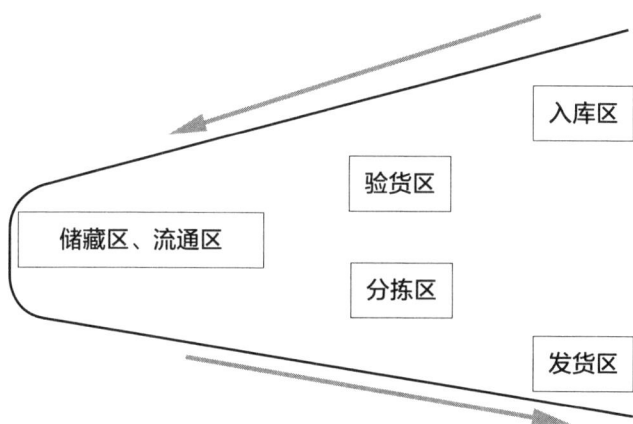

图7-6　U型仓库流程示意图

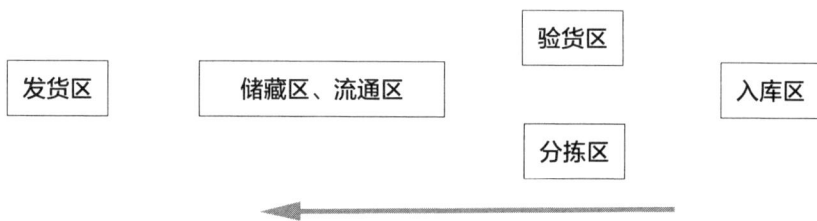

图7-7　直线型仓库流程示意图

无论要将仓库怎样布局，都必须考虑仓库内部不同的作业要求，还要考虑仓库的规模、主要功能等，仓库的布局要适应仓储作业过程，要符合如下四项基本原则：

◆ 仓库布局中，物品流向应是单一的。

◆ 要设计出具备最短搬运距离的布局。

◆ 要保证装卸工作尽可能少。

◆ 要最大限度地利用空间。

7.1.4 如何对仓储货物进行合理编号

由于仓库里储存的货物较多，因此需要对其进行合理、科学的编号，这样才能提高货物上架与出库的效率。那么，如何编号才能规范、有序呢？具体应做好以下几方面的工作：

（1）从区域划分储位

储位即储存位置，也是储存区域，是按照不同区域先进行编码的第一位设置。比如，在入库区停留的物品，编码以 R 开头；在验货区的物品，编码以 Y 开头；在分拣区的物品，编码以 F 开头；在储藏区的物品，编码以 C 开头；在发货区的物品，编码以 D 开头。

如果在同一个地方有多个储存仓库，则可以在第一个编码前按照仓库所属的号数，进行第一位数字编码。比如，1 号仓库的储藏区，编码为 1C；2 号仓库的发货区，编码为 2D。

（2）从货区划分货位

在同一个仓库中，商家或物流中心可能会将储藏区划分成不同的货区，以储存不同类型的物品，方便准确查找，此时，可以通过阿拉伯数字划分 1 区、2 区、3 区等，也可以通过拼音字母划分为 A 区、B 区、C 区等，以此作为物品编码的第二位或者第三位。

比如，以阿拉伯数字划分货区，只有一个仓库的，储藏区的 2 号货区的物品，编码为 C2；有多个仓库的，1 号仓库的储藏区的 2 号货区的物品，编码为 1C2。如果以拼音字母划分货区，只有一个仓库的，储藏区的 A 区的物品，编码为 CA；有多个仓库的，1 号仓库的储藏区的 A 区的物品，编码为 1CA。

（3）从货架划分排位

同一个货区，会排列多个货架，而货架所处的排数是固定不变的，要更精准地找到某个货区的某排货架，就需要对货架排数进行排列，通常以阿拉伯数字进行编码。

比如，1号仓库的储藏区的 A 区第 2 排货架，编码为 1CA2；仓库储藏区的 2 号货区第 3 排的货架，编码为 C23。

注意，这里还可以按照品类进行划分，即同一个货区，同一个品类的物品放在一排货架上，可以用清晰易懂的编码方式进行编码。

（4）对货架上的物品的具体位置进行货物编号

货架上的货位编号也常以阿拉伯数字编码，从层到位进行编号。此时要看仓库中摆放的货架的最高层数，如果不到 10 层，可以直接用一个阿拉伯数字编码，比如 1 号仓库的储藏区的 A 区第二排货架第二层的物品，编码为 1CA22；如果超过 10 层，可以用两位阿拉伯数字编码，此时编码为 1CA202。

具体的货位号的编号方式同上。比如 1 号仓库的储藏区的 A 区第二排货架第二层 5 号货位的物品，编码为 1CA225，或者表示为 1CA20205。前者是以一个阿拉伯数字表示货架上的层数和位数，后者是以两个阿拉伯数字表示。

上述编码方式是很多仓库都在使用的，而且就实践经验来看，是能提高货物出入库效率以及整理效率的方法。当然，不同的储藏需求以及不同布局思路的仓库，有其他的货物编号方式，这里不再一一列举，仓库管理者应根据实际情况自行调整、确定。

7.1.5 建立仓储管理系统

仓储管理系统是一个实时的计算机软件系统，能按照运作的业务规则和运算法则，对信息、资源、行为、存货和出货情况进行更完美的管理，提高仓储管理工作的效率。

一般来说，在仓储管理系统中，仓管人员可以进行收货处理、上架管理、拣货作业、月台管理、入库管理、库内作业管理、越库操作以及循环盘点等工作。

仓库管理系统的应用，不仅能够对管理仓库作业的结果进行记录、核对，还能够对仓库作业过程进行指导和规范，提高仓库作业的准确性、速度以及实现相关记录数据的自动登记，增加仓库运作的效率、管理的透明度，降低储存成本。

比如，通过无线终端指导仓管人员将某些物品做出库处理，大致操作流程如图7-8所示。

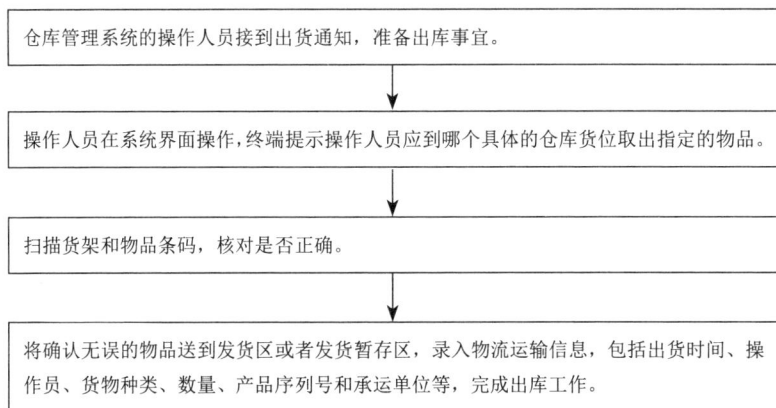

```
┌─────────────────────────────────────────────────────────────┐
│ 仓库管理系统的操作人员接到出货通知，准备出库事宜。              │
└─────────────────────────────────────────────────────────────┘
                              │
                              ▼
┌─────────────────────────────────────────────────────────────┐
│ 操作人员在系统界面操作，终端提示操作人员应到哪个具体的仓库货位取出指定的物品。│
└─────────────────────────────────────────────────────────────┘
                              │
                              ▼
┌─────────────────────────────────────────────────────────────┐
│ 扫描货架和物品条码，核对是否正确。                             │
└─────────────────────────────────────────────────────────────┘
                              │
                              ▼
┌─────────────────────────────────────────────────────────────┐
│ 将确认无误的物品送到发货区或者发货暂存区，录入物流运输信息，包括出货时间、操│
│ 作员、货物种类、数量、产品序列号和承运单位等，完成出库工作。   │
└─────────────────────────────────────────────────────────────┘
```

图7-8 通过无线终端指导仓管人员进行出库操作的流程

商家或物流中心在建立仓储管理系统时，可以参考的一些功能模块见表7-2。

表7-2 建立仓储管理系统需参考的功能模块

模　块	功　能
系统功能设定模块	主要对整个仓储管理系统的管理规则进行自定义设置，包括定义管理员和操作口令等
基本资料维护模块	对每一批次入库的物品生成唯一的条码序列号标签，同时可以对数据库中的物品记录进行添加、删除和编辑等操作
仓库管理模块	①货物入库，自动生成入库单号，同时区分正常入库、退货入库等不同的入库物品 ②当物品入库和出库时，系统自动生成每类物品的库存数量 ③调拨管理，针对不同库之间的调拨工作，自动生成调拨单号 ④盘点管理，仓管人员盘点物品，系统自动生成盘点单据
仓库管理模块	⑤库存上限管理，当库存数量达到某个储存上限时，系统发出存位紧张的报警信息 ⑥货物出库管理，自动生成出库单号，可区分正常出库、赠品出库和补货出库等出库物品

续上表

模 块	功 能
报表生成模块	月末、季度末以及年末自动生成各种出入库报表、调拨报表等，仓库管理人员根据需要自定义生成哪种报表
查询功能	入库单查询、出库单查询、单个物品查询以及库存查询等
履历查询	系统可以针对货物、工作人员等进行履历管理，包括货物在库履历和人员作业履历等

仓储管理系统的建立，在提高仓储工作效率的同时，也可以进一步提高物流配送的管理效率，为电商物流、仓管工作实现无纸化、电子化、信息化助益。

7.1.6 建立完善的防盗系统

由于物流仓库中储存的物品非常多，而且涉及消费者权益，因此，仓库中物品的安全保障就尤其重要，这就要求仓库建立必要的防盗系统，且不断完善防盗系统。

仓库防盗系统的建立，主要从三个方面入手，即人员、设备和电子防盗系统。

（1）安排适当的安保人员

无论仓储管理多么电子化，还是需要借助人力来完成，在防盗系统的建立工作中，安保人员的配置必不可少。当仓库遭遇偷窃，如果只有电子报警系统，也无法第一时间控制偷盗者；而如果安排安保人员在岗巡逻，可以提高第一时间控制偷盗者的可能性。

（2）安装防盗设备

电商商家或物流公司购买建设的仓库，首先要从墙体坚实度出发，为防盗工作做好外围屏障；然后是安装各种防盗设备，达到全方位防盗效果，具体措施参考如下：

①仓库大门使用明暗锁。

②在仓库窗户外围加装防护栏。

③有围墙的仓库区，可以在围墙上放置一些尖锐的物体，并贴上警示语。

④对仓库的门窗位置进行加固处理。

⑤在仓库内和仓库外围安装视频监控设备，实施 24 小时监控。

⑥在仓库门口安装出入库感应器。

⑦安装防盗门窗。

（3）安装电子报警系统

电子报警系统主要与视频监控设备或者其他一些防盗设备结合使用，一旦防盗设备感应到异常，电子报警系统就立即报警响铃。

除此以外，还可以在仓库内外的合适位置安装防火装置，也与电子报警系统连接，一旦发现火情，可以及时灭火，避免造成重大仓储损失。

（4）仓管人员养成良好的工作习惯

只是安排安保人员还不够，还要从人员工作职责入手，切实做好仓库的防盗工作，具体措施如下：

①仓库管理人员和相关作业人员离开仓库后，要及时为门窗上锁。

②仓库管理人员要经常巡查仓库，检查门窗是否牢固、严密。

③仓库管理人员要对入库人员、整货人员和出库人员进行登记。

④仓库管理人员要严格按照仓库管理办法，禁止仓库内住人。

⑤仓库管理人员应随身携带仓库钥匙，不能随意放置。

⑥仓库管理人员和安保人员要定期做好视频监控设备的清理，以及其他防盗设备的检查。

⑦仓管人员要严格执行库区严禁烟火的规定。

⑧仓管人员和安保人员要对进出仓库的车辆、人员等进行严格的检查，避免陌生人混进仓库。

总之，仓库的防盗系统要结合人和必要的设施设备来建立，不能仅仅依靠人力或者电子防盗系统。

7.2 熟悉不同货物的仓储保管方法

要做好仓储管理工作，不仅要对仓库进行管理，还要做好物品保管工作。从电商物流工作来看，不同货物的仓储保管方法是不同的，只有了解并掌握这些货物的不同保管方法，才能有效保证储存在仓库里的货物在运送至消费者手中时是完好无损且未变质的。

7.2.1 电商货物仓储保管原则

无论电商物流仓库之间存在怎样的差异，所有仓库都需要遵循仓储保管原则，下面就简单介绍相关内容。

（1）仓储的基本原则

物流仓库在仓储方面，应遵循六大原则：锁定库位原则、五不入原则、五不发原则、一次出库原则、门禁原则以及日事、日毕、日清原则，简单介绍见表7-3。

表7-3　物流仓库仓储的基本原则

原　　则	说　　明
锁定库位原则	各物品固定摆放在某库位，实物所在的库位必须与 ERP 系统中的一致
五不入原则	①有送货单但没有实物的不能办理入库手续 ②有实物但没有送货单或发票原件的不能办理入库手续 ③拟入库物品与送货单上的数量、规格、型号不同的不能办理入库手续 ④ IQC 检验不通过的，且没有责任人签字的，不能办理入库手续 ⑤送货单或发票不是原件的不能办理入库手续
五不发原则	①没有发货单的，或发货单无效的，不能办理物品出库手续 ②手续不符合要求的，不能办理出库手续 ③质量不合格的物品，不能出库 ④规格不对、外观有损的物品，不能出库 ⑤没有办理入库手续的物品，不能办理出库手续
一次出库原则	物流包裹出库必须准确、及时且一次性完成，以免造成出货混乱和数据差错

续上表

原　则	说　明
门禁原则	①除仓库管理人员和搬运人员因工作需要，其他人员未经批准，不得擅自进入仓库 ②严禁任何人在进出仓库时私自携带物品 ③有领导视察时，必须在主管级以上人员陪同下才可进入仓库
日事、日毕、日清原则	①每一位仓管人员在每日工作结束时，要对当天的相关账物进行确认和查核，确保账目平衡，找出不足，及时改进 ②仓管人员每日对所管辖的仓库及库区至少巡查 1～2 次，保证在库物品的品质、安全和 6S 状态达标，确保物品有正确标识，该退的要退回商家或放入退货区，以免发生物品呆滞而导致物流信息异常 ③仓管人员必须在当天将当日的单据传给录单员，录单员必须在当天将当日的单据信息录入仓储管理系统

（2）保管原则

保管原则通常要具体到物流包裹的保管工作上，具体如下：

订单信息面向通道保管。为了使物流包裹方便出入库，且方便存取货人员在仓库内移动，要遵循包裹贴有运单信息的一面面向通道保管。

入库码放时从高到低。为了提高入库效率，物流包裹遵循由高到低码放，即先入库的放在高处，后入库的放在低处。但是，如果先入库的是较重的包裹，则不受该原则限制，应尽可能贴近地面码放，以保证货物和人身安全。

根据出库频率选定码放位置。物流包裹，根据配送计划的不同，出库频率也会有差异，对于出库频率高的包裹，应尽量放在靠近发货口的位置，易于出货操作；对于流动性较差的包裹，可以码放在距离出口稍远的位置。

同一品类在同一地方保管。同一品类的包裹通常会在临近的时间出库，因此为了提高发货效率，可遵循同一品类包裹在同一地方保管，而且，实行同一品类在同一地方保管，可有效规避仓管人员记忆力差的弊端。

根据包裹重量安排码放位置。一般来说，重的包裹码放在货架下方，轻的包裹码放在货架上方；需要人工搬运的大型包裹，码放位置以正常腰部高度为限，不超过腰部高度进行码放。这样可以防止重型包裹从高处滑落损毁，也可以防止仓管人员因包裹滑落而受伤，还能提高出货效率。

根据包裹形状安排保管方法。包裹形状规则的，可以安排码放在货架上保管；包裹形状不规则的，安排其放置在货架周围的地面上。这样不仅可以节省货架空间，也能避免形状不规则的包裹保管在货架上时划伤取货人员。

> **知识扩展** *什么是6S状态*
>
> 　　6S是6个英文单词的缩写，即整理（seiri）、整顿（seiton）、清扫（seiso）、清洁（seiketsu）、素养（shitsuke）、安全（safety），6S状态即整理状态、整顿状态、清扫状态、清洁状态、素养状态和安全状态。

7.2.2　仓库温湿度的控制

货物性能不同，储藏时所需的温湿度就会不同，因此，仓库的温湿度控制工作也是仓储管理工作的重要内容。

仓库温度是指仓库内空气的冷热程度，一般用温度计监控。要做好仓库温度控制，不仅要实时掌握空气温度的变化规律，还要牢记各种商品储藏时适宜的温度。

仓库湿度是指仓库内空气的干燥程度，一般用湿度计监控。要做好仓库湿度控制，必须清楚知道常见商品储藏时的适宜湿度、鲜活商品储藏时的适宜湿度，以及一些特殊商品储藏时的适宜湿度。

实际上，仓库温度和湿度的控制工作是密不可分的，要做好温湿度控制主要利用以下三个措施：

◆　通风

仓库温湿度控制中的通风措施，主要是指采用自然或机械方法使风没有阻碍地进入仓库内部，使得仓库内部的温湿度适合仓储物品的储存标准。

在采取通风措施时，仓库保管人员需要注意通风时机和通风方式的选择。比如当前仓库外部的空气湿度较高，而仓库中储存的包裹需要较低湿度的储存环境，此时如果采取通风措施，反而可能损坏库内储存的包裹。

又如，当前仓库外面在刮大风，此时如果采取自然方式通风，就很可能因为风力过大而损坏库存包裹。

◆ 密封

密封主要是针对单一的包裹而言，或者是需要冷藏或密封储藏的包裹的环境要求。比如冷冻库，就需要采取密封措施，防止冷气外泄，降低冷冻效果，甚至导致冷冻的生鲜材料或食品因冷气不足而变质。

一些需要隔绝空气的物品，也需要进行密封保存，原理就是通过控制温度和湿度来保证物品的保存环境符合其储存条件。

◆ 吸潮

吸潮措施主要针对湿度控制，可以通过吸潮剂或去湿机降低库内湿度。当然，如果吸潮程度较小，也可以通过通风措施降低湿度。

表7-4是一些物品的温湿度储藏条件，仅供参考。

表7-4 各种物品的温湿度储藏条件

物品种类	温度储存条件	湿度储存条件
仓储档案	14 ℃～24 ℃，夏季不高于24 ℃	相对湿度45%～60%，夏季不超过60%
敏感元器件	10℃～28℃	30%～60%
普通电子产品	10℃～35℃	30%～75%
纸箱	常温库25℃～30℃	45%～75%
食品	15℃～20℃	12.5%以下
塑料包裹	23℃左右	45%～55%
五金产品	室温	干燥区域
线材类产品	室温	干燥区域
易挥发商品	38℃以下	通风、干燥
烟叶类产品	30℃以下，高温高湿季节控制在32℃以下	相对湿度55%～65%，高温高湿季节控制在70%以下

续上表

物品种类	温度储存条件	湿度储存条件
药品类	冷库中 2 ～ 10℃，阴凉库中 20℃ 以下，常温库中 0 ～ 30℃	相对湿度均保持在 45% ～ 75%
干货食品	10℃左右	50% ～ 60%
肉类即乳制品	冷藏，0 ～ 2℃	75% ～ 85%
水果和蔬菜	2℃ ～ 4℃	85% ～ 95%
鲜鱼类	0℃左右	75% ～ 85%
冷冻品	-18℃ ～ -24℃	85% ～ 95%
腌制类食品	3 ℃ ～ 8 ℃；冷冻储藏时为 -6℃ ～ -12℃	45% ～ 55%

7.2.3 金属制品的防锈与除锈处理

金属制品与周围环境发生化学反应或电化学反应，就会引起损坏或变质现象，称为金属锈蚀。

金属锈蚀主要包括两类，一是化学锈蚀，二是电化学锈蚀。化学锈蚀是指在干燥的环境中或非电解质存在的条件下，金属制品遇到空气中的氧气而引起的氧化反应。电化学锈蚀是指不纯的金属制品与电解质溶液接触时，发生原电池反应，比较活泼的金属失去电子而被氧化。

不同类型的金属锈蚀，其防锈的措施是不同的。

（1）化学锈蚀的防锈处理

化学锈蚀的防锈处理方法主要有以下三种。

①钝化：钝化指金属经强氧化剂或电化学方法氧化处理，使表面变为不活泼态，即钝化的过程，是使金属表面转化为不易被氧化的状态，从而延缓金属锈蚀速度的方法。另外，一种活性金属或合金，其中化学活性大大降低而成为贵金属状态的现象，也叫钝化。比如，用铝罐运输冷浓硝酸。

②电镀：电镀指利用电解原理在某些金属表面镀上一薄层其他金属

或合金的过程，以起到防止金属锈蚀的作用。比如，在金属制品表面镀锌。

③**刷隔离层**：刷隔离层的原理就是阻止金属制品与空气接触而被氧化、锈蚀。比如，在金属制品表面刷一层油漆。

（2）电化学锈蚀的防锈处理

金属制品发生电化学锈蚀后，表面出现凹陷，形成的金属氧化物或氢氧化物附于金属表面，长时间遭受锈蚀，金属制品表面就会发生脱落现象，锈蚀严重的，会使商品失去使用价值。

电化学锈蚀的主要防锈方法有喷漆、搪瓷涂层、电镀、涂油、气相防锈以及可剥性塑料封存等。喷漆和电镀的原理与化学腐蚀的防锈原理相似，这里主要介绍搪瓷涂层、涂油、气相防锈以及可剥性塑料封存，见表 7-5。

表 7-5　电化学锈蚀的几种防锈方法

防锈方法	解　释	举　例
搪瓷涂层	搪瓷又称珐琅，是将无机玻璃质材料通过熔融凝于基体金属上，并与金属牢固结合在一起的一种复合材料，搪瓷涂层就是在金属制品表面涂一层搪瓷材料	不粘锅
涂油	是商品流通中常用的一种简便有效的防锈方法，在金属表面涂覆一层油脂薄膜，在一定程度上使大气中的氧气、水分以及其他有害气体与金属表面隔离，从而防止或减缓金属制品生锈	主要用软膏防锈油、硬膜防锈油、油膜防锈油、凡士林、黄蜡油和机油等，涂在金属制品表面
气相防锈	利用挥发性气相防锈剂在金属制品周围挥发出缓蚀气体，来阻隔空气中的氧气、水分等有害因素的锈蚀作用，主要的气相防锈剂有亚硝酸二环己胺、肉桂酸二环己胺和肉桂酸等	主要适用于结构复杂、不易被其他防锈涂层保护的金属制品
可剥性塑料封存	可剥性塑料是用高分子合成树脂为基础原料，加入矿物油、增塑剂、防锈剂、稳定剂及防腐剂等，加热溶解后制成的，喷涂在金属制品表面，能形成可以剥落的一层特殊的塑料薄膜，有阻隔锈蚀介质对金属制品锈蚀的作用，以此达到防锈目的	可剥性塑料常用树脂包括乙基纤维素、醋酸丁酸纤维素、聚氯乙烯树脂、过氧乙烯树脂和改性酚醛树脂等

（3）金属制品的除锈处理

通常来说，针对金属制品都不主张生锈后进行除锈处理，因为金属制品一旦生锈，就一定会受到损失，尤其是一些精度较高的金属制品，且除锈往往比防锈需要付出的人力物力还多。但是，在电商物流运输过程中，因为储存环境的不适宜，常常出现金属制品生锈的情况，因此，对于生锈的金属制品，必须要在除锈后再进行防锈处理。

常见的除锈方法有四种：物理机械除锈法、化学除锈法、电化学除锈法和火焰清理法。

◆ 物理机械除锈法

物理机械除锈法又分为人工除锈法和机械除锈法。

人工除锈法是指用钢刷、铁锤、铲（刮刀）、砂布和砂纸等去除铁锈的方法，这种除锈法操作较简单，但不适用于小型及大批量金属制品。

钢刷法。这种方法比较费力，适用于结构简单、个体较大、数量不多的钢制品。

铁锤刮刀并用法。该方法适用于结构致密较厚的黑皮、赤锈，或表面附着非锈异物的钢铁制品。以铁锤、刮刀等工具，手工敲、铲表面锈层，待刮掉锈后再用钢刷刷一刷，效果更好。

砂纸或砂布打磨除锈法。对表面精度要求不高或非加工面，可用砂布、砂纸打磨，注意，使用砂纸或砂布的标号有讲究。

机械除锈法又分为喷射法和砂轮与布轮除锈法。

喷射法。将砂粒等强力喷射在金属表面，借其冲击与摩擦的作用除锈，根据喷射的材料不同，又分为喷砂法、钢粒喷射法和软粒喷射法；根据喷射方式的不同，又分为动力喷射法、湿式喷射法和真空喷射法。喷射法适用于大型制品或金属材料的除锈，用湿式喷射法时还需要在水中加入水溶性缓蚀剂。这种除锈方法效率高，成本低。

砂轮与布轮除锈法。砂轮只能适用于非加工面，对于表面镀层或表面光洁要求较高的钢铁或有色金属，都可以用布轮除锈法，该方法只适用于表面平整的金属制品，如图7-9（左）所示为砂轮，如图7-9（右）所示为布轮。

图 7-9　砂轮与布轮

◆　化学除锈法

化学除锈法又分为酸洗、碱除锈（碱液电解、碱还原、碱液煮沸等）以及电解酸洗等方法，这些方法的操作、优点以及适用范围见表 7-6。

表 7-6　化学除锈法的操作、优点及适用范围

化学除锈法	操　作	优　点	适用范围
酸洗	将金属制品浸渍在各种酸的溶液中，把金属锈蚀产物化学溶去	与物理机械法相比，优点是不引起金属制品变形，处理后表面不粗糙，操作简单、效率高，金属制品各个角落的锈都能除去	大量、小型制品的除锈
碱除锈	与酸洗法相对，主要用碱液进行除锈，可以通过碱液进行电解操作，或者进行碱还原，或者通过碱液煮沸去除锈	无氢脆的危险，也无酸渣产生，无酸雾污染，不必隔离作业，基体金属损伤少，作业后水洗的中和问题也比较简单易用。但使用碱除锈一般要将溶液加热至 90℃～100℃	适用于非铁制金属制品
电解酸洗	借助外加电势以加速金属在酸液中的化学反应的酸洗方法	与酸洗相似	主要用于不锈钢的酸洗抛光，另外还用于钢铁和其他金属除锈处理

◆　电化学除锈法

电化学除锈法是指被除锈的金属制品在电解液中接在外接电源上，通过电化学作用除去锈蚀产物的方法，该方法主要适用于较大的钢铁制品，

具体又可以分为两种除锈方法。

阳极法。以金属制品为阳极，主要应用于金属制品的电抛光。

阴极法。以金属制品为阴极，是比阳极法更常用的电化学除锈法，因为该方法对金属制品具有保护作用。

◆ 火焰清理法

火焰清理法是指利用火焰燃烧产生的高温，把金属表面的油脂等有机物燃烧碳化而清除，锈层则会因为受热而膨胀，从而开裂、拱起而剥落，这种方法所需的设备比较简单，成本低，不造成污染，对金属制品基本没有不良影响，主要适用于一些设备和管道的除锈。

7.2.4 积极防治霉变与虫害

霉变是一种常见的自然现象，多出现在食物中，食物中含有一定的淀粉和蛋白质，或多或少含有一些水分，霉菌和虫卵生长发育需要水和适宜的温度，尤其是在物品受潮后水分活度值升高，给了霉菌和虫卵良好的繁育环境，它们吸收食物中的水分，分解和食用食物中的养分，导致食物霉变。这里的虫害是指有害的昆虫、动物等对物品造成的伤害，常见的有蟑螂、老鼠等。

（1）预防物品仓储环节发生霉变

霉变是影响商品价值的重要因素之一，因此，有效防止商品发生霉变是仓储环节的一项重要工作。

主要的防霉变手段就是创造不利于微生物生长的环境，或者采取遏制微生物生长的方法。注意，商品发生霉变大多不是单一品种的微生物引起，因此很多时候还需要对生长的霉腐微生物进行分类研究，以便采取合适的防止霉变的方法。

◆ 人为控制仓储空间内的自然条件

将仓库内的温度控制在某些微生物适宜生长的最高温度之上或最低温度之下，抑制其生长。另外，还可以控制仓库内的湿度，通过通风、弹晾、日晒或烘烤使仓库内水分蒸发，从而防止霉变。

大多数易于霉变的商品所滋生的各种霉菌、细菌，都需要呼吸空气中的氧气才能生长，因此，可以将某些易变质的商品储存在不供氧的环境中防止霉变。另外，还可以调节仓库内部商品储存环境中的酸碱度，在不影响商品质量的情况下，将商品放置在一些酸性或碱性物质中，以防霉变。

◆ 化学方法防止霉变

将抑制微生物生长的化学药品放在商品或包装周围，防止霉变，但要注意，使用的化学药品应无毒，不会改变商品性质。

（2）预防物品仓储环节发生虫害

要对仓储环节进行虫害预防，首先需要了解仓库环境，分析可能发生的虫害，才能有针对性地进行预防。

在仓储区，损坏的包装袋、露出的货物等，尤其是食品，将吸引苍蝇、老鼠等虫害；区域长期处于潮湿环境，还会滋生蟑螂、千足虫、蚰蜒和鼠妇等虫害。

很显然，不同的虫害对生存环境的要求是不同的，因此需要从具体情况入手控制仓库的仓储环境。

◆ 防治蟑螂

蟑螂喜欢栖居在温暖、潮湿、食物丰富和多缝隙的场所，这也是它们滋生需要的四个基本条件。另外，蟑螂也喜欢栖居在靠近炉灶、水池和冰箱周围的地方，喜暗怕光、昼伏夜出。那么，具体有哪些防治方法呢？有以下几种：

硼酸拖地防蟑法。用热水溶解适量硼酸后，用拖把或抹布擦拭仓库区域的地面，干燥后，白色硼酸结晶就会渗入地面缝隙，以此防治蟑螂、蚂蚁。

橘子、柠檬皮防蟑法。将橘子、柠檬的果皮晒干或烤干后，放在各类货架上，或者用透气性好的袋子装好挂在货架上，不仅有香味剂的作用，还能防治蟑螂。

硼砂、面粉、香油糖制成药团防蟑法。将少许硼砂与面粉混合，然后滴入几滴香油，作成团状，用纸卷成筒状，再将其放置在仓库内部适当的区域，这样做也可以达到有效的防蟑效果。

苏打防治蟑螂法。用糖和苏打粉各半进行混合，置于蟑螂可能出没的地方，大约 3 ~ 14 天，原来出没的蟑螂就会消失。

做好仓库区域卫生清洁工作。在储藏环境允许的情况下，对一切可供蟑螂躲藏的裂缝、孔洞等，都用水泥或油漆等材料堵嵌填平，清除杂物，做好卫生清洁工作。

由于蟑螂是杂食性昆虫，耐饥不耐渴，因此，物流仓库应尽可能封锁水源，水龙头未使用时要关紧，擦干地面、台面的水迹，在水池、便池以及冰箱底座周围用蟑螂药布放一些毒饵，使蟑螂在取水、取食时接触中毒，从而达到灭蟑效果。

除此以外，当出现蟑螂时，还有其他一些杀灭方法可参考使用：

蟑螂对热的抵抗力较差，温度达到 60 ℃以上时，就可能死亡，时间一长，还会杀死卵荚中的卵，常用操作是将开水倒入蟑螂隐蔽缝隙内进行烫杀。

或者在诱蟑盒或瓶口涂了趋避剂的罐头瓶内放置诱饵，诱捕蟑螂，也可以在涂有粘胶剂的粘蟑纸中间放置诱饵，粘捕蟑螂。

还可以用化学方法防治蟑螂，如喷洒药剂，喷洒时关闭门窗和电扇排风设施，喷药结束后，密闭两小时以上，在封闭的场所用烟雾和熏蒸进行蟑螂消杀等。

◆ 防治千足虫

千足虫也叫马陆，与蟑螂一样喜阴湿，昼伏夜出，常见的防治方法如下：

①将硫磺置于一小碗中，再将一块燃烧的蜂窝煤放在碗上燃烧，关紧仓库的门窗，操作时间尽量在午夜 12 点后，这样防治效果更佳。

②在千足虫经常出没的地方撒上生石灰，使潮湿的栖居环境变干燥，阻止千足虫滋生。

③保持仓库内干燥通风，减少积水。

④喷洒合适的杀虫剂。

◆ 防治蚰蜒

蚰蜒俗称"钱串子""香油虫"或"草鞋虫"，通常栖息在人类房屋或潮湿的枯木附近，具有较强的环境适应性，具体的防治方法如下：

①重视物流仓库的环境卫生，及时清除仓库内外的碎石、垃圾等，保持库内干燥。

②发现蚰蜒时应及时拍打或喷洒灭害灵等卫生喷射剂。

③如果库内蚰蜒较多，可想办法在仓库的墙面涂刷杀虫涂料，加以防止，或者在阴暗潮湿处喷洒敌百虫粉剂。

◆ 防治鼠妇

鼠妇又称鼠姑、地虱，通常生活在潮湿、腐殖质丰富的地方，如潮湿处的石块下方、腐烂的木料下、树洞中、潮湿的草丛和苔藓丛中以及室内阴湿处。秋季是鼠妇的繁殖旺盛期，在 21 ℃时，约经 26 天孵化成幼体。鼠妇的防治方法如下：

①注意仓库内通风、干燥。

②仓库内的一些卫生死角要彻底清理，如果有下水管道，还要尽量保持干燥，有水迹时及时清理擦干。

③施毒土，用 2.3% 溴氰菊酯或 20% 速灭杀丁拌土撒于地面，每亩用药 50 ~ 100 g 兑土 10 ~ 20 kg。

◆ 赤拟谷盗

赤拟谷盗寄生于小麦、玉米、稻谷、高粱、油料、干果、豆类、生药材、中药材、生姜、干鱼、干肉、皮革以及烟叶等食物中，主要危害面粉，使面粉发生霉腥味，其分泌物还含有致癌物苯醌，其最适宜发育温度为 27 ℃ ~ 30 ℃，相对湿度 70%。它不善飞行，喜欢黑暗环境，有群居性，相关防治措施可从以下两方面入手：

①将储存上述赤拟谷盗寄生的物品的仓库温度提升到 44 ℃，相对湿度保持在 77% 左右，赤拟谷盗的幼虫 10 小时就会死亡，成虫 7 小时死亡；或者将仓库温度降低至 −1.1 ℃，各虫态 17 天就能死亡，−6.7 ℃ ~ −3.9 ℃，5 天即可灭杀。

②保证小麦、玉米、稻谷、高粱、油料、干果、豆类、生药材、中药材、生姜、干鱼、干肉、皮革以及烟叶等相关商品包装在密封不透气的包装中。

◆ 防治米象

米象俗称蝉子，是贮藏谷物的主要害虫，成虫潜伏在谷物仓内阴暗潮湿的砖石缝中越冬，每年5月中旬，仓内越冬的成虫就会继续产卵繁殖。成虫有假死性，喜光、趋温、趋湿、繁殖力强，耐寒力较弱，在5 ℃以下经过21天就开始死亡，所以，针对米象的防治方法，可以从如下几点展开：

①保持仓库清洁，堵塞缝隙，防止米象及其他存储害虫进入。

②改进储藏技术，如用草木灰、塑料膜或牛皮纸等进行隔离。

③喷洒药剂触杀或磷化氢熏蒸。

④如果仓库内储藏的粮食或者面粉类商品量较少，可以通过防虫包装进行防治。

⑤如果米象虫害已经发生，则要将相关商品通过暴晒驱赶。当然，如果商品不能暴晒，就要使用其他方法进行驱虫。

除了这些虫害，物流仓库中还可能有老鼠，它常出没在下水道、厕所、杂物堆、垃圾堆放处以及厨房等地，其嗅觉很灵敏，警觉性也高，善攀爬、游泳，繁殖力强，但视力差，比较常见的防治方法如下：

①运用挡鼠板挡住仓库入口，发完货后立刻关闭。注意，挡鼠板高度不能低于50 cm。

②在仓库内部墙角放上粘鼠贴。注意，粘鼠粘贴到老鼠后，粘鼠贴也要一起扔掉，严禁过夜。

③在仓库内部角落处放置捕鼠笼，里面放入诱饵。

④安装电子捕鼠器，插上电，固定好铁丝，接上正负极，防鼠很有效。

7.2.5 危险物品的存放要保证安全性

根据新的《中华人民共和国安全生产法》的规定，危险物品是指易燃易爆物品、危险化学品、放射性物品等能够危及人身安全和财产安全的物品。在电商行业中，一些装修药剂、家用除垢药剂等，也算是危险物品。

危险物品由于会危及人身安全和财产安全，因此，物流仓储环节首要注重安全性，最好能集中专用仓库和保管区域，定位保管，严加保卫，注意存放安全。危险物品的仓储要求见表7-7。

表7-7 危险物品的仓储要求

条目	仓储要求
1	存放危险物品的仓库，非管理人员不得入内
2	存放危险物品的仓库严禁烟火，并应保持通风、干燥
3	易挥发且蒸气有毒，或与空气混合后易引起爆炸的药品，应确保盖严瓶塞，并置于阴凉处
4	存放危险物品的仓库内外应安放必要的消防、防毒和防辐射设备
5	如果是特殊危险物品，商家在发货时就应该在包裹包装上粘贴"警示"标签
6	危险物品入库时，仓库管理人员要严格把关，认真核查品名、标志，检查包装，清点数目，做好细致的登记工作；重点危险物品要实行双人收发制度
7	危险物品出库时，仓库管理人员除了要认真核对品名、标志、数目，还要认真登记提货人，详细记录危险物品的流向
8	危险物品的储藏方式、数量等必须依国家的有关规定，选择合适的存放位置，妥善安排相应的通风、遮阳、防水、防湿、温控等条件，根据危险物品的性质和包装，合理确定堆放货架的类型及大小，物品之间要有合理的间距
9	在保管和装卸作业过程中，要严格遵守有关规定和操作规程，合理选用装卸器具，对包装不符合作业要求的要妥善处理再作业
10	当存放危险物品的仓库遇到紧急情况时，要有措施安排和应急处理指挥人员，包括汇报情况、现场紧急处理、人员疏散、封锁现场和人员分工等
11	对于废弃的危险物品及包装容器，要制定妥善的处置措施，如封存、销毁、中和以及掩埋等无害化处理，不得遗留隐患，必要时，还要到相关部门进行处置方案的备案，并接受监督
12	剧毒危险物品，如农业用农药被盗，应立即向公安部门报告
13	仓储剧毒化学商品的仓库，其窗户应加设铁护栏，并安装机械通风排毒设备
14	禁忌物品或灭火方法不同的物品不能混存，必须分区或分库储存，并在醒目处标明储藏物品的名称、性质和灭火方法
15	储存有火灾、爆炸性质的危险物品的仓库，其电气设备和照明灯具要符合《爆炸和火灾危险场所电力装置设计规范》的要求

续上表

条目	仓储要求
16	储存危险物品的仓库或建筑物不能有地下室或其他地下建筑
17	储存氧化剂、易燃液体、易燃固体和剧毒物品的仓库，应是易冲洗的、不易燃烧材料的地面；有防止产生火花要求的库房地面，需采用防火花的地面
18	储存危险物品的仓库，必须配备有专业知识的仓管人员，负责管理和监测危险物品
19	储藏危险物品的仓库保管员如果在检查中发现危险物品存在变质、包装破损或渗漏等问题，应及时通知货主或有关部门，采取应急措施处置
20	储藏危险物品的仓库，应配备具有专业消防知识的仓库管理员
21	储藏危险物品的仓库，其出入口和通向消防设施的通道应保持畅通
22	对会直接接触危险物品的仓库管理人员和装卸人员，配备防护用品和器具，更有效的防护措施是商家在发货时做好危险物品的包装处理

7.3 物品的出入库管理

电商行业在物流仓储管理工作中，除了要做好包裹的储藏管理，还要做好出入库管理工作。

7.3.1 采购物品的入库准备工作

对于商家来说，采购的商品如果不能直接从供应商处发货，就需要先入库储存，然后再向买家发货，此时，商家就需要做采购商品入库准备工作。

◆ 了解到库时间做好接货准备

仓库管理人员要向物流运输人员了解所采购物品的到库时间，从而做好备库、打扫卫生等工作计划，为接货做好充分准备。

◆ 掌握货运车辆运输的物品类型

仓库管理人员要向物流运输人员询问获取物品的类型，从而规划安排怎样的仓库进行储存。

◆ 按照到库时间计划备库、卫生清洁工作

仓库管理人员按照物流运输人员预期的到库时间，开始着手准备储存包裹的仓库，完成卫生清洁以及货架摆放等工作。

◆ 清理好物流运输车辆的入库通道

为了提高物流运输效率，仓库管理人员可以提前清理物流运输车辆的入库通道，并通知物流运输人员。

◆ 安排卸货人员

当仓库接到物流运输车辆即将到库的通知或信息后，为了提高入库效率，需要提前安排卸货人员，随时待命，这样一旦运输车辆到库，就能立即开展卸货工作。

◆ 安排入库验收人员

商家采购的商品，为了保证发给买家时不存在质量问题，也为了保障商家自身的利益，需要在入库时进行验收，而验收工作需要指定专门的人员负责，这些人员应熟知产品名称、规格、特性以及功能等，能为商家把好产品质量关。

上述这些工作都是采购物品的入库准备工作，目的就是提高物流仓储的工作效率，同时确保商品质量符合采购合同的约定。

7.3.2　物品的接运与验收入库

当物流运输车辆进入仓库区域后，仓库管理人员就要负责开展接运工作以及验收入库工作了。仓储物品的接运方式主要有 4 种：铁路专用线接车、车站提货、库内接货以及外出提货，这里主要介绍库内接货的接运与验收入库工作。

（1）仓储前的接运工作

在库内接货时，仓库管理人员应注意的工作内容如下：

①当着送货人的面开箱验货，并做好验收记录。如果是商家到消费者的物流运输环节的物品接运工作，则需要检查包裹是否有破损。

②对物品外观进行检查，发现短件、缺件、损坏、受潮或变质等情况的，应请送货人当场复查，签字认可，留作凭证。如果是商家到消费者的物流运输环节的物品接运工作，则需要仔细登记每一件包裹的信息，然后与上一次出库单上的物品明细进行仔细核对，看是否缺件、短件，是否有损坏件等，如果有，也要请送货人员复查核对，签字确认，留作凭证。

③如果是没有采购计划而收到供应商送来的物品，商家仓库应拒绝验收，更不能无任何手续就代管，以免发生纠纷。如果是商家到消费者的物流环节的仓库收到没有事先通知的货物，应先查明物流情况，确定是否有这样一批包裹需要入库而电子物流信息没有及时反映出来，确定有，就要按照规定的流程办理接运和入库；如果不能确定物品来源，应拒绝接收。

④如果是短时间内不能全部完成验收的采购物品，应先进行外观初验并点清数量，在验收记录备注栏内写明初检情况。如果是商家到消费者的物流运输环节的仓库接运工作遇到需要长时间验货的情况，也可以先进行初检，并在验收记录上写明初检情况，同时将这批次包裹存入入库暂存区，等有时间进行仔细验收时再按照规定流程验收入库。

（2）仓储前的运输工作

仓储物品的验收包括验收准备、证件核对、实物验收和验收报告编制等工作内容。

验收准备。收集和熟悉订货合同、物品技术标准等有关订货资料，准备已校验过的计量器具，根据到货数量、性质和特点，准备仓储货位，检查必要的堆码、苫垫和起重设备设施、工具及防护工具。如果是商家到消费者的物流仓储环节，除了订货合同不需要检查，其他项目也都需要准备。

证件核对。核对入库单或订货合同中的供货单位、收货单位、物品名称、品种、规格、数量、计量单位、实收数、制单时间、收单时间和验收完毕时间等；核对供货单位的质量证明文件、合格证、装箱单以及磅码单等资格证明；核对承运公司的运单和有关证件等。如果是商家到消费者的物流仓储环节，需要核对入库单上的前述内容，以及物流运输单位的运单和相关证件。

实物验收。该工作主要是验收物品数量和进货质量。如果是商家到消费者的物流运输环节，主要验收包裹数量和是否有破损、遗失的包裹。

编制验收报告。 在采购环节，商家编制的验收报告需要包括物品名称、规格、供货单位、出厂日期或批号、运单号、到达日期、验收完毕日期、应收数量、实收数量、抽验数量、质量情况以及验收人等信息。如果是商家到消费者的物流运输环节，验收报告中也要包括签署内容，另外还要包括物流运输公司的相关信息，如名称、运输人姓名、出入库时间等。

7.3.3 发出商品前的出库准备工作

在商家到消费者的物流仓储过程中，包裹从仓库发出前，需要做一些出库准备工作，这是商家或物流公司需要做的事情。

无论是商家还是物流公司，在发出商品前，需要做的出库准备工作包括但不限于以下工作：

①出库单要及时传递到单据管理员手中。

②调拨单要随货同行。

③出库系统管理员以及点货员必须点验货物数量，并对此负责。

④检查出库商品的总数，保证与单据标注的总数相同，单据和实物不符的，应立即停止装货。

⑤待出库商品应按单号摆放，不得有混号摆放现象。

⑥物品从商家的仓库出库前，必须有销货单，相关责任人签字后交仓库管理人员，仓管员做好记录并签字。

⑦遵循先写好出库单，在仓管人员进行出库登记以后，再根据出库单从仓库出货。

⑧确认运输路线和下一个配送中心营业点。

⑨确定送货人员以及用于物流运输的车辆，记录人员姓名以及车辆号牌。

⑩将确定要出库的包裹整理好，以便于装车。在有理货条件的情况下，可将待出库商品按照商品去向运到理货场地理货，标示清楚。

⑪如果涉及转仓，还应开具正式的转仓单。

⑫仓库管理人员开始着手出库信息的登记与处理。

7.3.4　按照出库流程办理出库

在电商行业中，买家购买的商品通过物流运输拿到手。商家和物流公司，不仅要做好入库管理，出库管理工作也非常重要，它关系着下一环节的入库甚至最终环节消费者取快递的事情。为了保证出库的商品以及到买家手中的商品与其在网上购买下单时看到的一致，就要按照严格的出库流程办理出库手续，完成出库工作。

第一步，做好商品出库前的准备工作

这一步骤中，仓库管理区域内各部门之间要做好沟通、联系，做好快递包裹的搬运、装卸机具的准备等。

第二步，审核包裹出库凭证

无论是商家仓库中的商品出库，还是物流运输环节仓储仓库中的包裹出库，出库时都必须有合法的出库凭证作为出库依据，审核内容包括印鉴手续是否齐全，所列仓库名称、商品名称、规格以及数量等是否与订单相符。

第三步，登记代管商品账目，核销存量

仓储区的记账人员根据出库凭证按照规定手续登记代管商品明细账，核销存量。

第四步，根据出库凭证，核实货位上的包裹

仓库管理人员根据出库凭证所列品种、规格、数量，在各个货架和货位上检查包裹，加以集中。

第五步，复核查验，防止发货错误

仓库保管员要在发货时边收货边复核，既要复核单货是否相符，又要复核货位结存情况，以保证出库量的准确性。

第六步，编配包装，集中待运，交接发货，放行出库

电商活动中的物品出库量较大，很多时候需要进行编配拼装、换装和加固包装等作业，包装后可按商品运送的不同运输方式、线路、收货点以及分单等，集中待运。仓库发货人应向收货人或运输人员按单逐件点交清楚，明晰责任。

第 8 章

电商销售中的库存控制及退换货处理

在电商活动中，很多时候商家卖货需要提前储存相应的商品，为了尽可能地减少仓储成本和采购成本，就需要对库存进行严格控制。另外，在电商销售活动中，买家在网上下单购买商品，因为没有看到实物，所以难免会发生买家收到商品以后不喜欢，或者收到的商品有瑕疵，从而发生退换货，这种情况也需要商家和物流公司通力合作，高效解决。

8.1　科学控制库存、减少产品积压

对于商家来说，科学控制库存，能有效降低仓储成本，同时达到控制采购成本的目的，且还能防止产品积压。物流公司，也需要做好库存控制，否则容易爆仓，最终降低物流运输效率。

8.1.1　认识电商商家的库存结构

电商商家的库存结构，主要根据库存商品所处状态进行划分，具体可从以下几个部分考量。不同的电商商家对于自身库存结构的命名或者划分有所不同，这里介绍的库存结构仅供参考。

◆ 可供销售库存

通常来说，电商商家在开展销售活动时，为了保证下一个销售阶段不断货，会在当前实际库存的基础上扣除一部分期末库存量来得到可供销售的库存，其中的关系如图 8-1 所示。

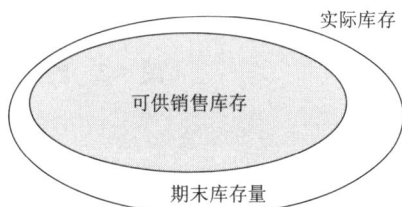

图 8-1　期末库存与实际库存的关系

◆ 订单占用库存

商家在销售过程中，某一时点的订单占用库存必然少于可供销售库存，直到最终可供销售库存销售完毕，此时的订单占用库存才等于可供销售库存。可供销售库存还未售罄时某时点订单占用库存与其他库存之间的关系如图 8-2 所示。

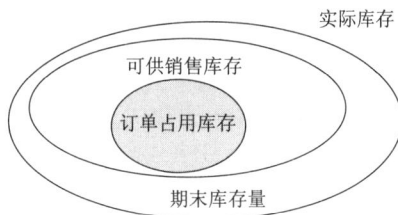

图 8-2　订单占用库存与其他库存的关系

◆ 锁定库存

锁定库存也可以理解为不可动用库存，它在一定程度上可以当作期末库存余量，即期末库存余量被锁定，不能用于当期销售活动对外出售。当然，有些大型商家会另行确定锁定库存，以保持长期销售活动中的商品不断货。

◆ 虚 拟 库 存

虚拟库存是指商家将自己将来可能要用作对外销售但当前又没有实际持有的库存商品建立库存档案，包括品名、规格、价格和数量等。

虚拟库存的存在，可能误导商家以为自己的存货充足，在实际电商销售活动中不提倡存在该库存结构，它与其他库存结构部分的关系如图8-3所示。

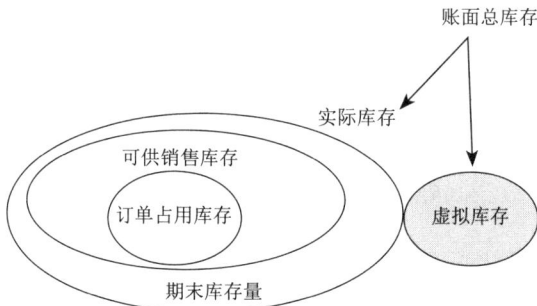

图 8-3　虚拟库存与其他库存的关系

◆ 调 拨 占 用 库 存

调拨占用库存主要是指两个仓库之间因为商品调拨需要而占用的库存量。商品调拨在电商行业中非常常见，比如某商家甲店铺在 A 地的仓库库存商品主要运往某些地区，而该商家的分店乙店铺有订单地址在 A 地，为了节省运输费用，此时甲店铺就会从自己在 A 地的仓库中划出一个调拨占用库存，以帮助乙店铺往相关地区发货。

调拨占用库存通常在正常可供销售库存范围内划分，因此，可简单理解为如图 8-4 所示的结构。

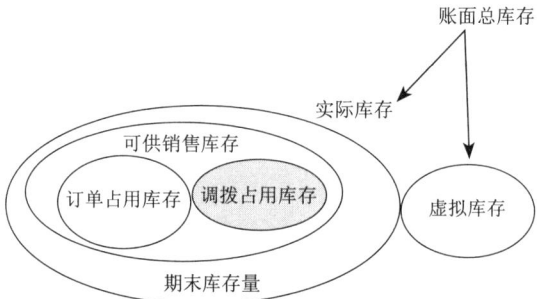

图 8-4　调拨占用库存与其他库存的结构关系

◆ 调拨中库存

调拨中库存可以理解为事先为调拨情况划分出来的一部分库存，此时的调拨中库存就属于调拨占用库存中的一部分，即正在进行库存调拨的那部分库存商品，通俗一点讲，就是商家从调拨占用库存中发出的库存商品，但还未进入调入仓库的那部分调拨库存。

例如，某商家甲店铺在 A 地的仓库有调拨占用库存 200 件，目前正在从 A 地仓库进行 50 件商品调拨，商品已出库，但尚未进入 B 地仓库，这种情形下的 50 件库存商品，就属于调拨中库存。

调拨中库存与其他库存的结构关系如图 8-5 所示。

在实际电商销售活动中，调拨中库存还有可能超过调拨占用库存，此时的结构又会不同，如图 8-6 所示。

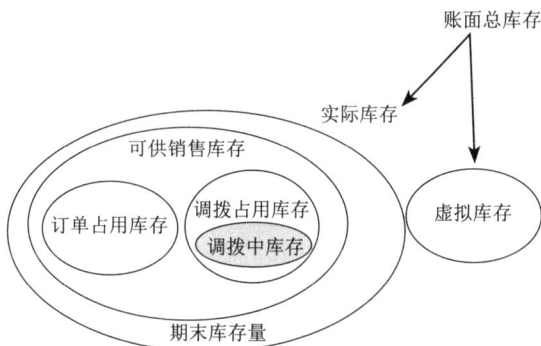

图 8-5 调拨中库存与其他库存的结构关系

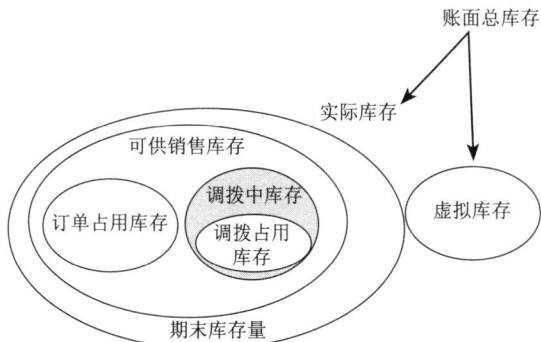

图 8-6 调拨中库存大于调拨库存时与其他库存的结构关系

注意，前述示意图中的各部分大小并不代表实际数量，只是一种结构。

8.1.2 定期盘点与不定期盘点的结合运用

定期盘点是指每隔一定的时间间隔对库存商品盘点一次，补充库存的大小决定于盘点时的库存余量。不定期盘点又称临时盘点，是指事先没有规定盘点日期，而是根据需要临时决定对库存商品进行的盘点工作。

由于定期盘点与不定期盘点各有优劣，因此结合运用就可以规避各自的不足，同时，结合两种盘点方法的优点，能更全面、细致地开展库存商品盘点工作。下面来分别认识两种盘点方法的优劣势。

（1）定期盘点

因为定期盘点通常会选择在一个经营期间的末期进行，如月末、季末或者年末等，所以，该方法就具有间断性，这种方法主要适用于统一订单的情况，尤其是那些销货量较少或者比较集中的场合，其优势表现在下面几个方面：

①能有充足的时间做好盘点前的准备工作。

②能轻松统计某一个经营期间的销量。

③盘点工作更有规律。

④核算工作比较简单，工作量较小。

但它存在某些缺点，如反映的库存数据不精确，仓库中如果有多发少发、物资毁损、盗窃或丢失等情况，这些无法在账面上反映出来，而是全部隐藏在本期的发出数中，不利于库存商品管理，更不利于监督，也会相应抬高商家的销售成本。

（2）不定期盘点

通过不定期盘点，电商商家或物流公司能及时发现仓储问题，明确经济责任，查明账目与货物是否相符。不定期盘点常常用于局部库存商品的盘点工作，必要时也会对所有库存商品进行不定期盘点。不定期盘点的优点如下：

①可以及时掌握库存商品的库存量。

②进行局部的不定期盘点时，工作量较小。

③能发现常规盘点工作中被刻意隐藏的库存管理问题。

但是，不定期盘点时间紧迫，几乎不能做盘点前的准备工作，这可能导致盘点工作不细致，盘点结果不准确，盘点工作安排较混乱；而且，不定期盘点很可能导致商家库存短缺却没有及时发现，从而引起断货风险。

如果定期盘点与不定期盘点结合运用，一方面可以更精准地统计出一个经营期间的销售情况，另一方面也能及时把握库存余量，避免断货。但是，定期盘点与不定期盘点结合运用时，要确定好两者之间的使用频率，如果频率较高，不但不能节省盘点时间，反而会增加盘点工作量。

8.1.3 营业阶段结束后要进行全面盘点

全面盘点与局部盘点相对，是指商家或物流公司对仓库内的所有库存商品进行全方位的盘点工作。

一般来说，营业阶段结束后，就相当于商家的一个经营期间结束，此时为了精准地把控各库存商品的余量，编制下一个营业阶段的销售计划，以及各商品在该经营期间的实际销售情况，就需要对所有商品进行全面盘点。全面盘点后，商家就可以根据盘点结果，进行一次性集中采购，这样还能节省采购成本。

当然，在进行全面盘点之前，商家或物流公司需要制订相应的计划，包括暂停出入库、安排相关人员在适当的时间进行盘点等。

全面盘点的优点是集中盘点、集中统计、集中确认、集中采购计划，缺点是必须暂停出入库，会耽搁相应的时间，从而影响销售业绩；而且全面盘点的工作量通常比较大，有时就需要增派其他工作人员协助盘点，人力资源成本会相应增加。

要想全面盘点得到有效、正确的结果，盘点前编制全面盘点计划的工作是必不可少的。下面来看某商家制定的库存商品全面盘点计划。

实操范例 公司全面盘点计划——年终盘点计划

一、盘点目的

1. 确定店铺存货的实际库存量，核实账本的存货记录。

2. 据以衡量存货价值，达到良好的管理。

3. 确定资产价值，达到良好的管理。

4. 充分、正确地表达财务报表。

二、盘点组织及任务分工

1. 负责人：负责盘点作业的全权指挥、调度事宜，对盘点总体工作负责。

2. 初盘组：

（1）负责所有存货初盘的计量和辨认。

（2）盘点报告的差异原因说明以及调整单据的填写。

（3）进行实地存货管理、盘点卡管理。

3. 复盘组：

对已经初盘的存货实施复盘，复盘时初盘人必须在场。

4. 管理部：

（1）负责盘点卡的设计、印刷。

（2）协调各相关部门或人员，控制盘点基准日的进（退）料、领（退）料以及出（退）货等作业。

5. 财务部 / 财务人员：

（1）编制汇总的盘点卡资料，审核存货盘点清册。

（2）监督各部门的盘点准时、准确地完成。

（3）核对存货盘点的数量与账本结存数量是否一致，如有差异，应对相关部门或人员追查原因，经盘点负责人同意后调整账本数量，使账实相符。

6. 盘点作业的组织结构：

（1）盘点负责人：店铺老板。

（2）初盘组：各部门负责人或各位负责人。

（3）复盘组：指定人员负责。

（4）管理部

（5）财务部

三、盘点范围

1. 属于店铺所有的存货，不论其存放地点或何种状态，均属于店铺所有。供应商的委托销售产品也要盘点。

2.属于店铺所有的固定资产、列管资产和低值易耗品等。

3.财务盘点包括库存现金、票据、有价证券和空白支票等。

四、盘点单据及资料

…………

8.2 电商企业售出商品发生退换货的处理

在电商行业，商家们难免会遇到买家退换货的要求，有些是因为产品本身质量存在问题，有些是因为运输过程中的耗损，但不管是哪种情形，商家都需要掌握相应的退换货处理办法。

8.2.1 如何制定合理的退换货策略

在电商行业，一旦买家网上申请退换货，退款过程对于买家来说就会比较容易，此时卖家要保护自己免受退款、退货、换货的损失，就需要采取一些措施，其中包括制定合理的退换货策略。

合理的退换货策略必须是明确的退换货策略，能够让买家在购买前了解会发生什么，如果不符合退换货资格，商家有权拒绝退换货请求。

那么，怎样的退换货策略才算是合理的呢？合理的退换货策略如下：

◆ 退换货政策明确

商家在制定退换货政策时，要明确说明相关信息，如买家要求退货、退款的时间，退款的合理情形，以及买家退款时的具体操作等。

◆ 退换货政策要尽量附带条件

商家为了自身的利益着想，没有必要一定向买家提供无条件退款，只要所制定的退换货政策能帮助阻止买家连续退换货、无正当理由退换货等，同时仍然可以为普通的、有正当理由的有退换货或退款需求的买家提供合法的权益保障，就可以了。

◆ 要清晰注明注意事项

大多数商家都需要注明的注意事项包括但不限于以下几点：

①任何非本店出售的商品，不予退货。

②已经超过三包期限的商品，不予退货。

③销售化妆品的商家，可以注明已使用的化妆品不予退货，但经权威部门检测商品存在内在质量问题的除外。

④如果商品包装破损，商品过期或离过期不到两个月，可申请退换货。

⑤无法提供商品发票、保修卡等三包凭证或三包凭证信息与商品不符被涂改的，不予退换货。

⑥礼包或套装中的商品不可以部分退换货。

⑦因过敏问题而产生退货，需要提供医院的相关证明。

◆ 要明确说明退换货的运费负担问题

有一些商家在买家申请退换货时，涉及的商品运回费用以及再发货运费等，都不承诺承担，而要由买家承担，但有一些商家就会承诺免费退换货，包括免运费。下面是某商家规定的退换货运费说明，大家可以借鉴、参考。

实操范例 电商商家对退换货运费的规定

3.退换货运费

（1）因商品质量问题产生的退换货，退换货费用由商家承担。

（2）因您个人原因产生的退换货，自寄退换货运费由您个人承担。

◆ 要注明退换货的大致流程

退换货的大致流程可以帮助买家快速完成退换货申请，同时明确退换货处理的大概时间。下面是某商家向买家说明的退换货流程。

实操范例 电商商家对退换货流程的说明

二、退换货流程

您办理退货后，需要自行联系物流公司将退货商品寄回指定地址。

退货流程如下：

阅读退换货政策 → 填写退换货申请 → 审核通过 → 邮寄指定地址 → 退换货

您可在签收商品的 7 天内登录"我的订单－申请售后"页面操作退货申请。

如您已办理退货申请，但需要取消或修改退货商品信息，请您登录账户，进入"我的交易－订单管理"菜单自助取消操作，感谢您的支持！（如需修改退货商品，点击"取消退货"按钮取消当前退货申请，然后点击"退货"按钮，重新填写并提交退货申请）全天 24 小时便捷办理。

8.2.2　怎样才能减少退换货成本

对于电商商家来说，接收到退换货请求后，实施退换货处理的过程中是会产生退换货成本的，比如重新发货的商品价值、往来运费等。那么商家怎么做，可以减少退换货成本呢？具体要做好以下几点：

（1）发货前仔细检查

发货前仔细检查待发商品，确保商品质量、形状、外观、性能、数量和尺寸等符合销售页面的要求，同时保证与买家下单物品一致，从源头杜绝买家退换货的可能。

但是，这个措施并不能百分之百保证买家收到的商品就是完好无损的，因为物流运输过程中也有可能造成商品损伤，甚至完全不能使用，所以该措施有一定的限制性。

（2）商家保证不售假货

假货问题是电商行业最忌讳的问题，也是买家最厌恶的问题，一旦买家发现自己购买的商品是假货，就会向商家提出退货、退款或者换货要求；严重时，买家会直接向电商平台举报，此时商家就会面临平台的处理，同时还会面对买家提出的纠纷问题。

不售假货，就能有效避免出现上述问题，商家经营过程中也就不会产生退换货成本。

（3）附带必要的产品说明书

一些电子数码产品，需要买家收到商品后自行安装或者按键使用，这涉及专业的操作手法，为了避免买家因误操作导致商品毁损，并因此向商家提出退换货要求，商家有必要在发货前，在包装容器中附带产品说明书，指导买家在收到商品后按照说明书上的操作步骤进行操作和使用，减少商品损坏的可能性，从而减少买家申请退换货的可能，由此降低退换货成本。

（4）无法避免的退换货降低成本的方法

对于无法避免的退换货，商家要想降低退换货成本，主要还是提高售后服务质量。有些问题不大的商品，买家会看在商家特别好的服务态度上，放弃退换货要求，这样商家就可以节省退换货成本。

（5）选择服务质量好的物流公司

由于商品是否完整，还取决于物流公司的运输服务质量，因此，商家在选择合作的物流公司时，应尽可能选择物流服务质量高的公司，比如坏件／缺件率较低的物流公司。

8.2.3　掌握减少退换货的措施

前述减少退换货成本的措施中，有一些是通过减少退换货来达到目的的，因此也属于减少退换货的措施。那么，除了这些措施，还有哪些措施可以帮助商家减少退换货呢？主要有以下几种：

◆　迅速发货

迅速发货主要是预防发货太迟导致消费者退货的情况，因为很多消费者选择网上购物的其中一个原因就是省时、省事，如果下单购买商品后，商家迟迟不发货，就会让消费者感觉网上买东西还没有在实体店快，消耗消费者对商家的耐心，很容易引起退货。

◆　大促销时提醒买家理性消费

根据实践经验可知，很多消费者在遇到大促销活动时，容易头脑发热，冲动消费，一旦热情冷却下来，就会意识到自己购买的商品是短时间内没有什么用处的，再加上大促销活动中商家发货通常较慢，买家就很可能在意识到所购商品没有用处的情况下申请退货。

为了减少消费者后悔的可能性，商家也应该秉持良好的经营理念，提醒买家理性消费，或者有针对性地介绍产品主要适用于哪些人群，大概的用量水平等，为消费者适当购物提供参考依据。

◆ 尽量多发零配件

对于需要买家收到货后自行安装使用的商品，商家都会选择拆开零散发货，在物流运输过程中，这些零部件可能损坏，商家可以在包裹中多发一些备件，这样买家收到货后即使发现其中有零部件损坏，也能用备件安装并使用，以规避买家申请退换货。

◆ 尽可能多地展示产品

电商商家尽可能多地展示所售商品的功能，以及不同的颜色、款式等，让消费者能尽情地选购，避免其选中的商品不符合自己的使用需求，从而发生退换货。

◆ 尽量添加动态视频展示产品

商家在销售页面添加动态视频，可以动态展示产品的外观、大小、尺寸、款式以及颜色，还能展示使用方法，使消费者观看时能一目了然地知道产品的情况，类似于看见实物，这样消费者作出的购买决策一般不会后悔，相应地就可以减少退换货。

◆ 尽量标示清楚尺码

对于衣服、首饰、鞋裤以及其他需要准确按照尺码穿戴和使用的商品，商家应尽可能标示出该商品各尺码适合的人群，包括对应的体重、身高、腰围、臀围、脚长、脚宽等信息。如果因为计量单位的不同而导致尺码选用不同，还应尽可能给出不同计量单位下各尺码适合的人群。

这样一来，消费者能准确买到自己想要的商品，就会减少退换货概率。

◆ 不要过度美化产品图片

商家在上传产品图片时，为了吸引消费者眼球，或多或少会对图片进行修饰，以让消费者感受到产品的优势。但是，商家不能过度修图，否则买家收到商品后发现与商品详情页展示的图片差距较大，就会申请退换货，甚至举报欺骗消费者。

◆ 制定退换货的标准

对于商家来说，并不是买家提出的所有退换货请求都是合理的，要保障自身的权益，商家需要事先制定退换货标准，即什么情况属于退换货范围，哪些情况不能办理退换货，什么情况可以退货不能换货，什么情况只能换货不能退货等。

8.3 处理呆滞品减少损失

呆滞即不流动，有些人认为商品的最后移动日至盘查时的这段时间间隔超过 180 天的，为呆滞品。如果从周转速度来说，存货周转率极低的库存商品就是呆滞品。不同的经营主体对呆滞品的划分标准可能不同。

呆滞品的存在，会降低电商商家的资金利用率，同时也说明商家经营不善，因此商家就很可能面临经营损失。为了减少呆滞品存在带来的损失，商家需要采取积极措施处理呆滞品。

8.3.1 寻找呆滞品存在的原因

要尽可能减少呆滞品的产生，商家就需要了解呆滞品产生的原因，从原因入手规避产生呆滞品，具体原因及相应的处理办法如下：

（1）商品已准备就绪，买家取消订单

当买家下单完成支付，商家准备好发货但尚未发货，此时买家又取消订单，对应的这部分商品很可能在后续的销售过程中无法顺利售出，从而形成呆滞品。

解决办法可以是：商家根据自身备货速度，明确规定消费者可以在某时间段内退货，这样商家可以省去备货的时间，从而在后续的销售活动中顺利地将这部分商品加入可供出售库存中完成销售。

比如，某商家承诺买家下单付款后 12 小时内发货，则可以规定买家可以在下单付款后的 12 小时内申请取消订单，超过 12 小时不能取消订单。

（2）产品市场淘汰

任何商品，随着经济发展、科技进步，人们生活方式的改变，都会被市场淘汰，即使不会被完全淘汰，也需要不断地进行更新、改善。

在更新迭代的过程中，老的产品很可能就过时了，而过时的产品通常很难再以正常市场价格出售出去，很多商家就会想等待时机出手，但往往成为呆滞产品，一直留在仓库中无法按照预期的销售价格售出。

解决办法主要是：按照产品实际价值，或者低于市场价格的标准，快速出手，不求可观的利润，但求不亏本。如果市场中关于该产品的价格下降较快，就更应该尽快出售，即使是保本或者有较小范围的亏本，也应该快速完成出售，以免产品变成呆滞产品，最终遭受重大经济损失。

（3）安全库存管理不够灵活

在本章的 8.1.1 节内容中已经介绍过商家库存结构，其中有一个部分为锁定库存，实际上这一库存结构就是安全库存管理的具体体现，它可以简单理解为保证商家供货不断的一个最低库存量。

对于每个季度甚至每个月的销售量比较稳定的商家，安全库存量的管理几乎持平，不会有变化，这样也能保证商家供货不断。但是，如果商家经营的产品有明显的季节性或者在节假日的销量会剧增，则稳定不变的安全库存量就显得不够灵活，很可能使商家在向买家供货时发生断货的窘境，又或者在淡季时过多地积压产品，长时间无法售出，从而形成呆滞商品。

解决办法是：根据各月或各季度以往的销售量情况，灵活制定各月或各季度的安全库存量，如淡季时安全库存量相应减少，旺季时安全库存量相应增加，这样，就可以保证商家在淡季时不至于因库存较多而形成呆滞商品，在旺季时有足够的库存避免断货发生。

（4）零配件数量与商品不匹配

有些商品的使用需要搭配一些零部件，而在打包装运时很可能出错，导致仓库中最终剩下来的商品与剩下的零配件不匹配，很显然，这种情况下，商品就没法进行售卖，也就会成为呆滞品。

解决办法主要是：向买家发货时，准确清点商品及相应的零配件，做好零配件的管理工作。

（5）没有严格执行先进先出的原则

商品的保质期以及新鲜期都会随着时间的流逝而到期，这样就会使正常商品变成无法出售的呆滞品，甚至最终都没有办法售出获现。

解决办法：商家应在仓库管理工作中明确先进先出原则，即先采购入库的商品先出库，后采购入库的商品后出库，这样可以有效保证商品在保质期内就能售出并运输到买家手中，从而防止先购进的商品因为放置时间过长而变质或过时，降低呆滞品产生的可能性。

电商活动中，可能还存在其他一些导致呆滞品产生的原因，这里不再一一详述。

8.3.2　及时确认呆滞品

因为呆滞品同样算作商家的库存，如果管理不当，就会直接影响库存计划和库存管理水平，所以，及时确认呆滞品可以帮助商家及时出货，减少经济损失。那么，如何做才能及时确认呆滞品呢？具体要做好以下工作：

◆　先要明确呆滞品的定义

商家只有明确了呆滞品的定义，在盘点时才能准确核定哪些属于呆滞品，这样可以防止商家过多确认呆滞品，导致经营利润减低；也可以防止商家过少确认呆滞品，使某些本应该确认为呆滞品进行特殊处理的商品一直在正常销售通道，但同时又无法售出，占用仓储空间，增加仓储成本。

◆　做好定期盘点工作

商家对所经营的商品进行定期盘点，如每月收集呆滞品信息，可以及时了解各商品的库存情况，并尽早发现呆滞商品，从而尽快在账面上确认呆滞品，同时还能分析产生呆滞品的原因，积极做好应对之策。

◆　做好两个单独工作

第一，对于盘点时发现的呆滞品，商家需要作单独列表记录。

单独列表是为了防止与正常库存混淆，将呆滞品的库存数量单独列示出来，可以帮助商家作出正确的库存计划，同时强调呆滞品的存在，提醒商家及时对呆滞品进行出货处理。这种"单独列表"的处理，实际上是将正常商品和呆滞品各自的信息流作区分。

第二，就是要将盘点发现的呆滞品进行单独存放处理。

呆滞品被发现后，在尚未处理之前，要与正常存货分开，进行单独存放，这样发货时就能明显看出哪些是正常销售货物，哪些是呆滞品待售。这种"单独存放"的处理，实际上是将正常商品和呆滞品各自的实物流作区分。

◆ 对呆滞品做好特殊标记

要更好地区分呆滞品与处于正常销售状态的商品，商家有必要对呆滞品进行特殊或者明显的标记，使仓库管理人员能一眼就能看出哪些是呆滞品，哪些是可供正常销售的商品。

◆ 明确确认呆滞品的责任人

呆滞品的管理工作说难不难，说简单也不简单。呆滞品什么时候出售，以什么方式出售，以什么价格出售等，都直接影响商家最终的获利水平，而协助商家做好这些工作的人，应该是了解呆滞品销售途径与市场的人；再加上呆滞品不是说销售出去就能销售出去的，什么时候确认入账，什么时候确认出货，都需要相关责任人提高警惕。

所以，要及时确认呆滞品，商家可以安排具体的责任人负责呆滞品的管理，包括记录、记账以及协助销售、出库等。

总的来说，及时确认呆滞品，商家就要把控好发现呆滞品的时间、出售呆滞品的时间以及呆滞品的出库时间等特殊时间点。

8.3.3 制定呆滞品处理方案

呆滞品的处理方法通常有报废、变卖、降级使用、变更用途以及用作促销、礼品、赠送和店铺内部的员工福利等。很显然，针对不同的呆滞品，处理方法很可能是不同的，简单介绍见表 8-1。

表 8-1 呆滞品的常见处理方法

呆滞品类型	常用处理方法
易改变形状的商品	如木制手工艺品、塑料玩具、木制玩具和珠串类低价商品等 常用处理办法：拆解再用，如通过拆解变换形状形成新的商品
有外层涂漆的商品	有外层涂漆的商品由于待售时间太久而磨损，导致难以出售形成呆滞品 常用处理办法：重新涂漆

续上表

呆滞品类型	常用处理方法
产品本身质量有问题的商品	常用处理办法：联系供应商，将呆滞品退回给供应商。需要注意的是，这种处理方法需要配合前期双方的合同约定，如果合同没有约定，供应商就会让商家自行承担损失
产品有非质量瑕疵	如食品距离有效期截止日很近，或者商品颜色、款式等过时 常用处理办法：将产品以低于正常销售时的价格转让给其他有销售渠道的商家
产品部分损坏且无法再正常销售	如陶瓷玩具有明显缺口，塑料玩具明显漏气，书籍内容明显过时，缺失配套零件的商品等 常用处理办法：作为废品变卖

因此，商家需要根据自家仓库中呆滞品的具体情况，选择合适的处理方法，最好能制定处理方案，严格按照方案执行。

下面来看看某电商商家处理其呆滞品的方案。

实操范例 电商商家关于呆滞品的处理方案

由于店铺所售商品的供应商送货数量包含备品和耗损数量，所以导致商品呆滞积压情况较为严重，挤占了较多的仓储空间，也在一定程度上导致了商品仓储的混乱。为了明确呆滞品处理规定，规避处理的随意性，与销售方面进行协商，现针对呆滞品制定如下处理方案：

1. 所有商品需要严格控制入库数量，对没有订单采购的商品或者超过订单数量（包括为保证品质提供的标准损耗数）的商品，必须经过仓库管理负责人批准才可办理入库，从源头上防止呆滞商品产生。

2. 对库存的无订单的商品，每月月底前报计划、采购和销售知悉，减少订购量或替代使用，以消耗库存商品。

3. 严格执行先进先出的原则，防止因库存过久而导致商品品质异常。

4. 所有商品，凡是库存时间超过 3 个月的，由仓库管理人员报品质管理人员重新检验，品质管理人员需在两个工作日内完成重新检验工作并回复，如有不合格的商品，通知仓库管理人员，由仓库管理人员申请报废处理。

5. 按照订单订购的商品，如果买家订单较少，在存放 3 个月后，除了保留 10 个样品外，其余可申请报废处理。

6. 报废商品需要填制报废申请单，经商家和仓库管理负责人审核后，由总经理或副总经理批准报废。

以上规定，从即日起执行，由仓库、稽核中心监督，违者罚款5元/次，请各相关部门和负责人配合。

呆滞品的处理方案要包括如下内容：

呆滞品的确认标准。 因为不同商家对呆滞品的确认标准不同，所以商家在制定呆滞品处理方案时，首先需要明确自家店铺对呆滞品的确认标准，这样才能指导盘点人员准确核定仓库内的呆滞品，从而有利于进行后期的呆滞品处理工作。

呆滞品形成的责任明示。 即盘查发现呆滞品的同时，要明确是什么原因导致呆滞品的产生，或者是由于什么人的未尽责而导致呆滞品产生等，要将可能的原因和责任人进行列示，以便在处理方案的后续内容中作出对应的处理办法。

呆滞品的处理流程。 对商家来说，有些呆滞品还能对外出售，以此获取相应的收入，因此呆滞品的处理不能马虎，不能一刀切地将所有呆滞品进行废品处理。所以，什么样的呆滞品进行怎样的处理，这也需要在呆滞品处理方案中进行明确，列示出可能的呆滞品类型，并对应给出处理办法和具体处理流程。

呆滞品处理情况汇报。 仓库中的呆滞品是否及时出货，所有呆滞品是否完全出货，是否有呆滞品严重折价出售，哪些呆滞品进行了报废处理等，这些情况的记录工作都要在呆滞品处理办法中明确规定，以督促仓库管理人员和呆滞品管理责任人做好呆滞品处理情况统计与汇报工作。

处理呆滞品的收入确认方式。 呆滞品的各种处理办法对应的收入情况，是计入正常的主营业务收入，还是计入其他业务收入，这些都要在呆滞品处理方案中明确规定，因为收入确认方式关系着商家的经营利润以及财务分析结果，会进一步影响商家下一阶段的销售策略。

关于危险物品的呆滞品处理问题。 由于易燃、易爆等危险物品比较特殊，因此其呆滞品的处理也会与一般的电商产品不同。如果商家经营的是这类商品，在呆滞品处理方案中需要明确特殊的处理办法，包括如何保证安全性和环保性等问题的解决方案。

各商家需要根据自身经营的实际情况制定呆滞品处理方案，可以参考上述内容，但实际电商活动中商家制定的呆滞品处理方案的内容包括但不限于此。

8.3.4 熟悉呆滞品的促销策略

不同的呆滞品，销售难度不同，因此会对应不同的促销策略，对于完全报废无法通过销售处理的呆滞品，则不存在促销策略。那么，呆滞品的促销策略有哪些呢？主要有以下几种：

（1）捆绑销售法

捆绑销售是将两种产品捆绑起来销售的销售方式，纯粹的捆绑销售只有一个价格，但消费者必须同时购买两种产品，但也不是任何产品或服务都能随意捆绑在一起销售的，常见的方式有以下三种。

◆ 优惠购买呆滞品

对于消费者来说，实际上他们并不知道商家销售的是呆滞品还是正常商品。商家可以通过优惠购买呆滞品的策略，鼓励消费者购买 A 产品的同时，用比市场上优惠的价格购买到呆滞品 B，当然，商家只要保证产品 B 没有质量问题，就没有必要告诉买家 B 产品是呆滞品，这样也算是呆滞品的促销方式。

这种方式主要适用于正常销售商品与呆滞品之间没有明显的附带使用关系的情况，因为该促销方法不具有强制性。

◆ 统一价出售

商家对于正常销售商品 A 和呆滞品 B 都不单独标价，而是按照捆绑后的统一价出售。

这种方法适用于正常销售商品与呆滞品之间有明显的附带使用关系的情况。因为如果没有附带使用关系，一旦商家将两种商品进行捆绑销售，买家很可能因为其中一种商品不符合自己当下的使用需求而放弃购买，这样很有可能影响正常销售商品的销售情况，降低其销量，同时呆滞品又无法销售出去，造成两败俱伤的局面。

◆ 统一包装出售

统一包装出售是指正常销售的产品A与呆滞品B放在同一包装里出售，这种方式类似于捆绑销售，但这种方式下，呆滞品还有可能是赠送的，也就是说，这种促销方式下，呆滞品可能没有为商家带来任何收益。

比如，销售火锅底料的商家，由于某一款火锅底料味道过时，就决定与新产品一起包装，对消费者承诺两种商品原价合计金额一定大于当前统一包装的出售金额。这样一来，属于呆滞品的那款火锅底料就是降价出售，但如果对消费者承诺附带的另外一款火锅底料（呆滞品）是赠送的，则此时呆滞品不为商家带来销售收入。

（2）设立呆滞品促销专区

作为电商商家要明白，自家经营的商品并不能百分之百保证能吸引到大部分消费者，因此，利用捆绑销售的促销方法，可能无法及时处理呆滞品，如果不采取其他有效措施，呆滞品最终可能演变成报废品。

对此，商家可以在店铺页面中设立呆滞品促销专区，很可能正常销售商品无法吸引到的买家，就会对低价处理的呆滞品感兴趣，从而产生购买欲望，也为商家及时处理呆滞品增加了可能性。

（3）在节假日以优惠活动出售呆滞品

有些呆滞品的质量与正常销售商品的质量没有太大区别，只不过因为颜色、款式等不受大众喜爱而形成呆滞品，这样的商品，商家也想尽可能挽回成本并获得不错的利润，此时如果通过设立呆滞品促销专区，显然不能达到目的。

这种情况下，商家可以借助节假日和特殊日子时消费者浓烈的购买欲望以及氛围，以略低于原价的价格出售，这样可以争取到很多为了囤货而购物的消费者。同时，商家也能获得不错的利润，呆滞品也能及时处理出库，既利于消费者，又利于商家，两全其美。

如果商家对自己的商品很有信心，甚至可以不需要降低价格，就以原价出售，借助节假日购物狂潮的热烈氛围，这类呆滞品也能达到出库的目的，这样商家盈利空间又会更大一些。

其他一些呆滞品促销策略有待商家亲自去探索、发现，只要本着诚信、安全以及成本控制的原则即可。